WAC BUNKO

歴史を捏《ねつ》造《ぞう》する
反日国家・韓国

西

WAC

はじめに――「反日差別主義」こそ、自由を愛する諸国民の敵だ！

平成三十年（二〇一八年）十二月二十日、日本海において、自衛隊哨戒機に韓国駆逐艦が火器管制レーダーを照射した。火器管制レーダーとは、銃や砲、ミサイルなどを発射する際に、目標の位置や速度を正確につかむために使用されるもので、その照射は攻撃直前を表すたいへん危険な行為だ。そのような危険行為をしながら韓国は、当初は北朝鮮遭難船捜索のため一般レーダーと共に火器管制レーダーを使ったとしていたが、日本側の抗議を受け火器管制レーダーは使っていないと開き直り、それどころか、自衛隊哨戒機が威嚇的な低空飛行をしたとしてなんと謝罪まで要求した。

日本側は抑制された表現で「危険だから再発防止策をとってほしい」と求め続けた。韓国が危険な行為を行ったこと自体を認めないので、少しずつ具体的事実を公開し、映像公開まで踏み切った。

この過程を見ながら、私はついに日韓関係悪化は軍事まで及んだのかと暗澹《あんたん》たる気持ちになった。私は、李明博大統領が任期末の平成二十四年（二〇一二年）八月に竹島に上陸し、天皇陛下の公開謝罪を求めたことから始まった最近の日韓関係の悪化について、二国間関係において最も大切な軍事と経済で両国に対立はない、対立は歴史認識分野にほぼ限定され、それも韓国が日本に対して一方的に認識の一致を求めて日本の独自の歴史観を認めないことが原因だと書いたり話したりしてきた。

ところが、戦時労働者への慰謝料を認める韓国最高裁の不当判決が出て、原告側が平成三十年末に新日鉄住金の在韓財産差し押さえを開始したことにより、ついに歴史認識の対立が実体経済における日本の財産侵害まで及んだ。そして、韓国軍艦が自衛隊機に攻撃寸前の危険行為をし、それを認めず反対に自衛隊に謝罪を求めるという自衛隊の安全がそこなわれるかも知れない緊張事態が起きた。

戦後、日本と韓国は米国と軍事同盟を結ぶことにより、準軍事同盟国として安全保障で助け合ってきた。朝鮮戦争時、米軍が主力となった国連軍は日本を基地として共産軍と戦った。有名なマッカーサー将軍の仁川上陸作戦でも、米国軍艦は神戸と佐世保から出撃している。現在の日米安保条約で日本は自国への攻撃がない場合でも韓国への攻撃があった場合を含む極東有事には在日米軍基地を使って米軍が戦争をすることを認めている。

もちろん、韓国が共産勢力の南下を半島の半ばで抑えているため日本は安全保障上、多大な利益を得ている。もし半島全体が反日勢力によって統一されれば、日本は現代版防人《さきもり》をするため多大な防衛予算が必要となる。日韓関係の悪化とは韓国軍六十万が敵側に回るかも知れないという悪夢へのシナリオなのだ。

なぜ、韓国軍艦は自衛隊機に危険行為を敢えて行ったのか。まだ真相は明らかではないが、私が考える可能性は二つだ。第一は、この間、韓国で行われてきた反日歴史教育の結果、韓国軍人らも日本軍が韓国女性二十万人を性奴隷にしたとするデマを信じてしまい、そのような極悪非道なことをした日本人に対しては何をしてもかまわないとする、反日差別主義を信奉しており、当該軍艦の艦長以下乗組員もそのような意識を持っていて、近くに飛んできた自衛隊機を嫌って他の国の軍隊に対してはやらない危険行為を敢えて行ったという可能性だ。

第二の可能性は、第一を前提にした上で、当該軍艦の乗組員の中に北朝鮮につながる者が含まれ、その者が日韓関係悪化は北朝鮮の利益だから悪意を持って反日差別主義を煽動した可能性だ。

なぜ、私が反日差別主義をここで想起するのか。実は、北朝鮮の元工作員安明進氏から次のような話しを直接聞いた経験があるからだ。

「北朝鮮の工作機関に勤務していたときには、自分もまわりの上司や先輩らも過去に朝鮮を侵略して残虐行為を繰り返した日本人には、拉致をして苦しめても申し訳ないという気持ちはわかず、当たり前のことをしているという認識しかなかった。韓国亡命後、横田めぐみさんのご両親に会って善良なお二人が娘を奪われてどれほど苦しんでいるのかを知り、拉致は許しがたい犯罪だと分かった」

この反日差別主義が実は現在の東アジアの国際政治に組み込まれている。私は最近、米中の「新冷戦」といわれる状況を見ながらそのことが分かってきた。米ソ冷戦と最近の「新冷戦」の大きな違いは、経済体制の対立があるかないかだ。

米ソ冷戦では資本主義市場経済と社会主義計画経済の二つの経済体制が尖鋭に対立し、両者がそれぞれブロックを作ってどちらの体制が勝つか競争した。ブロック間の経済取引は例外的なものだった。

ところが「新冷戦」と呼ばれる米中対立では、中国も社会主義計画経済を捨てて市場経済を採用し、むしろ資本主義国との貿易によって莫大な富を得てそれを軍拡や自国民抑圧に使っている。したがって、かつてのソ連に対して行ったような封じ込め政策を中国に行うことは不可能だ。それだけ相互依存が強くなっている。

私は、中国の全体主義体制は鄧小平時代に社会主義からファシズムに移行したと考えている。畏友である福井県立大学の島田洋一教授の説によれば、ファシズムは、資本主義のエネルギーを人民抑圧に使用する全体主義の一類型だ。まさに鄧小平の改革開放政策は、共産党の独裁という全体主義を崩さないまま資本主義を導入したものだった。だからファシズムと呼ぶのが正しい。

そこで中国共産党は独裁を正当化する理論として、それまでの階級理論を使うことが出来なくなった。マルクス主義によれば、生産手段を私有している資本家階級は、それを持たない労働者階級を搾取して不当に富を蓄積している。だから、生産手段を共有か国有して資本家を打倒しなければならないとされていた。

しかし、鄧小平は生産手段の私有を許可した。人民公社を解体して事実上、農地の私有を認め、結果として地主階級が復活した。また、各事業所が利潤を追求することを許し、株式市場まで作った結果、資本家階級も復活した。その両階級の大勢は、いまや共産党と軍の幹部らで占められている。だから、資本家は敵で、その復活を許さないために労働者階級の前衛である共産党が独裁することが民主主義だという、奇妙な理屈はもう通らない。

その結果、学生らが共産党の独裁に挑戦して民主化を求める天安門事件が起きた。鄧小平は、軍を出して学生らを虐殺して民主化をしりぞけた。天安門事件後、江沢民政権は民族の敵という概念を設定し、日本をその代表にして、日本軍国主義の残虐な侵略を打ち負かしたという虚構の歴史を、共産党の独裁統治の正当化の論理として使い始めた。

江沢民政権は一九九四年八月、「愛国主義教育実施綱要」を発表した。これは学校教育分野だけでなく、映画やＴＶ、記念建造物や博物館など社会全体で反日政治宣伝を行うことを定めたものだ。

同年十二月、日本の戦争責任を追及する米国、カナダ、香港を中心とする三十余の反日団体が結集して「世界抗日史実維護連合会」(Global Alliance for Preserving the History of WW II in Asia) 略称「抗日連合会 (Global Alliance)」を結成した。

一九九八年八月、外国駐在大使など外交当局者を集めた会議で江沢民が「日本に対しては、台湾問題をとことん言い続けるとともに、歴史問題を終始強調し、しかも永遠に言い続けなくてはならない」と指示した。

これが、反日差別主義が中国共産党の全体主義に組み込まれる経緯だ。すでに中国軍は自衛隊艦船に火器管制レーダー照射を行っている。そこには明らかに日本には何をしても良いという差別主義が存在する。

北朝鮮でも同じことが起きた。やはり社会主義からファシズムへの移行があった。韓国との経済発展の競争で完全に敗北したため対南政治宣伝で、社会主義の優位性を宣伝できなくなった。そこで、彼等は民族主義を強調しはじめた。

金日成は、侵略者日本帝国主義を打ち負かして朝鮮北半部を解放した。しかし、南半部には新たな民族の敵である米帝国主義が侵略してきた。米日という民族の敵と戦うという名分が、世襲独裁の正当性の源になった。そこで反日差別主義が体制に組み込まれた。

韓国の反政府勢力、革命勢力も、ファシズム化した北朝鮮政権に従属し、やはり反日差別主義を前面に打ち出している。八〇年代から地下運動の世界で、北主導の民族主義が主体思想という名で拡散し、九〇年代からマスコミ、教育、文化活動などを通じて多数の国民に広がった。

保守派である金泳三大統領さえ、九三年の就任演説で「どのような同盟より民族が大切だ」と明言し、竹島問題での一方的な日本非難を開始し、左傾民族主義に染まる世論に迎合して支持率を上げる手段として反日を使い始めた。

たとえば、朝鮮総督府の建物を壊し、竹島で護岸工事を強行し軍事演習を始めた。

全体主義と自由民主主義の対決という意味での冷戦は、ソ連崩壊後もアジアでは続いている。ただし、相手が共産主義から反日差別主義的な民族主義に支えられたファシズムに変質したのだ。彼らも資本主義経済を採用して、自由主義諸国と積極的に経済交易、投資などをしている。

安倍総理は第一次内閣発足直後に訪中した後、こう語った――中国との関係は「互恵」だ。

それを二〇〇六年の訪中で定式化した。そのとき以来、日本が対中関係で使っている「戦略的互恵関係」という用語の核心は「互恵」という位置づけにある。二国間関係は「同盟」「友好」「互恵」「敵対」の四段階がある。中国とはお互いに利益になることで交わるという「互恵」だ。

安倍総理は世界をこのように整理して眺めているのかと驚いた記憶がある。私なりに解釈するなら、現在の中国は共産主義からファシズムに移行したので、資本主義市場経済という部分では「互恵」関係を結べるが、友好国ではないという認識だ。しかし、中国式資本主義は不法、不当な方法を多数使っているとして「互恵」すら成り立たないとして貿易制裁を断行したのがトランプ政権だ。日本もその認識を同じくするべきだ。

そのような東アジア国際政治の見取り図を持ちながら、私は本書に収録した諸論考を書いた。文在寅政権下で展開している驚くべき反日事件の背景には、ファシズム化した中国と北朝鮮の全体主義が、自己の独裁を正当化するために反日差別主義に頼らざるを得ないという構造があり、文在寅政権下の韓国で進展している「反日民族主義革命」もその延長線上にあると言うことだ。

韓国の保守勢力は、朴槿恵弾劾と文在寅政権成立後、大変弱体化した。その中で深刻な自己反省が生まれてきている。その一環として、韓国の反日は差別主義的な民族主義であり、それを克服できなければ亡国するという意見がリーダーたちの中から出てきた。本書で紹介した一部をここに引いておく。

「民族、民主を看板として掲げた韓国の自称進歩勢力、すなわち左派は、民族共倒れの核兵器と北朝鮮同胞人権弾圧という北朝鮮金日成勢力の反民族、反民主的犯罪行為に目を閉じる。

その一方で米国と日本のそれより小さい犯罪に対しては糾弾してはばからない。作戦中の米軍装甲車が女子中学生をひき殺した事件と、日本の従軍慰安婦問題に対する執拗な攻撃がその例だ。

こういう両面性はどこからくるのか。彼らが話す民族主義は人種主義［人種差別主義］であるいう証拠だ。同族は無条件でかばって、他民族（特に米国と日本人）は無条件で攻撃する姿勢は排他的民族主義、すなわち人種主義だ」

保守言論人の趙甲済氏の発言だ。

日韓関係を正常化するためには反日差別主義と戦うしか道はない。ところが、敵は日本国内にもいる。差別主義を煽って自分たちだけが良心的だと自己満足している「反日日本人」らが敵なのだ。中国と北朝鮮のファシズム、その手先になっている韓国の「革命勢力」、そして反日日本人らは、実は弱い。なぜなら彼らの存在基盤である反日差別主義は虚構の上に成り立っているからだ。

真実を丁寧に礼儀正しく広報し続けること、これがファシズムとの戦いでの勝利への道だ。昔（一九五九年）、日本社会党のリーダー（浅沼稲次郎）が北京を訪問して、「米国帝国主義は日中両国人民の共同の敵」と発言したことがあった。今こそ私は言いたい、「反日差別主義こそが自由を愛する諸国民の敵だ」と。そのための「武器」になるようにと願って本書を緊急出版した。

本書の企画と編集を担当してくださったWACの仙頭寿顕さん、また、本書に収録した多数の論考を月刊『WiLL』の「月報朝鮮半島」という連載で毎号自由に書かせてくださった立林昭彦『WiLL』編集長と編集部の皆様に感謝を献げます。

なお、本書文中では、韓国や北朝鮮、米国との関わりで日本を論じたので元号ではなく西暦を使った。私は日本人として元号の大切さはよく承知している。

平成三十一年一月吉日

西岡　力

歴史を捏造する反日国家・韓国

目次

第四章　韓国司法と軍部は左翼クーデタにより解体の危機

日本がやっていない「戦争犯罪」に関する捏造
処断される「親日派」
BTS（防弾少年団）の〝原爆礼賛〟を許さない
韓国内に蔓延る中共流「文化大革命」の嵐
弾圧を受ける「良心的裁判官」
韓国司法界で相次いだ「下克上現象」
「左翼クーデタ」により韓国司法は壊滅状態
「賄賂ゼロ円」で有罪になった朴前大統領
朴は全ての名誉と人生を失った
韓国の自由民主主義はもはや死滅寸前ではないのか
反革命（保守）勢力を無力化するための露骨な国策捜査
軍の情報機関が解体されていく
「反日従北民族主義」こそがすべての元凶

任秘書室長と武村正義官房長官の共通性とは
金正恩体制が倒れれば、韓国の従北左派も滅ぶ

第六章　日米協調と「拉致カード」で北朝鮮を追い込め

鞭の役割はトランプが引き受けてくれた
「安全の保証」と「体制の保証」の違いが分からないマスコミ
妹の与正がナンバー2に昇格
トランプの微笑の裏には脅しがある
「朝鮮半島非核化」の主語は金正恩！
北は「ベトナム型統一」を狙っている
日本は「プレイヤー」になった
「もしウソをついたら決裂だ」と伝えよ
「百億ドルは現金なのか」
北の対日工作を警戒せよ
田中均氏の危険な提案

安倍首相と石破氏との拉致認識の格差

金正恩は、トランプをだませなかった

金正恩独裁政権は追い込まれないと譲歩しない

金正恩に拉致被害者の「一括帰国」を決断させるために……

装幀／須川貴弘（ＷＡＣ装幀室）

第一章

「徴用工」乱訴による「歴史戦争」とはこう闘え！

韓国最高裁の驚くべき不当判決

二〇一八年十月三十日、韓国の大法院が新日鉄住金に対して「朝鮮人戦時労働者」四人（うち三人は死去）へ各一億ウォン（約一千万円）の慰謝料を払うことを命じる判決を確定させた。

十一月二十九日、三菱重工業にも同様の確定判決が下った。広島工場で働いた元労働者五人（全員死去）に一人当たり八千万ウォン（約八百万円）、名古屋工場で働いた元朝鮮女子挺身隊員五人（うち一人は死去）には一億～一億五千万ウォン（約一千万～千五百万円）の損害賠償の支払いを命じた。

朝鮮人の内地での戦時労働は、通常二年の期限契約による賃労働だった。待遇は総体的に良かった。その上、日本はすでに戦時労働者への補償を含む請求権資金三億ドルを韓国政府に一括して払い、韓国政府は二回にわたって個人補償を実施している。

韓国最高裁判決は、それをいまになって「戦時労働は不法な植民地支配に直結した日本企業の反人道的不法行為」だと決めつけ、一人あたり一千万円を「不法行為に対する慰謝料」として支払えと命じた。不当判決というしかない。

完全かつ最終的に解決した戦後補償

そもそも、一九六五年の日韓協定で日本政府は無償資金三億ドル、有償資金（低利の融資）二億ドルを提供し、それをもって両国は戦時動員された韓国人への補償を含む韓国人が日本に対して持つ請求権が「完全かつ最終的に解決したことを確認した」。そのように請求権協定の第二条に明記した。

それだけでなく、後日協定の解釈について齟齬《そご》が生まれないように公表された「協定についての合意された議事録」で「完全かつ最終的に解決されたことになる両国およびその国民の財産、権利および利益並びに両国及びその国民の間の請求権に関する問題には、日韓会談において韓国側から提出された『対日請求権要綱』（いわゆる八項目）の範囲に属するすべての請求が含まれており、したがって、同対日請求要綱に関しては、いかなる主張をもなしえないこととなることが確認された」と明記した。

「対日請求権要綱」（いわゆる八項目）とは、一九五一年韓国李承晩政権が日本に求めた補償金や請求権のリストであり、その五に「被徴用韓人未収金」「戦争による被徴用者の被害に対する補償」「韓国人の対日本人又は法人請求」が列挙されている。韓国人が日本企業や日本政府に補償を求める根拠は完全に消滅しているのだ。

一九六五年当時の日本の外貨準備高はわずか十八億ドルだった。そこから五億ドルを十年分割で払ったのだ。韓国政府はその資金を主としてインフラ建設に使った。ソウルと釜山の間の高速道路、春川のダム、浦項総合製鉄所などが作られ、漢江の奇跡と呼ばれる韓国経済の躍進に貢献した（韓国政府発行の『請求権白書』によると日本が提供した請求金資金は一九六六年から七五年まで経済成長の二〇％に寄与した）。

一九七五年から韓国朴正煕政権は、徴用と徴兵で動員された被害者のうち、死亡者の遺族に限って当時の通貨で三十万ウォンを支給した。負傷者をはじめとする生きて帰った者らには補償が出なかったが、それは韓国の内政問題で日本の関係することではない。一九九〇年代、日本の反日運動家らの煽動にのって韓国人らが次々日本で徴用先の日本企業を相手に裁判を起こしたが、以上のような経緯があるから全部敗訴した。

盧武鉉政権も戦後補償は韓国の責任と認めていた

この経緯は反日政策を展開した盧武鉉政権も認めていた。盧武鉉政権は二〇〇五年八月二十六日、首相を共同代表とし、文在寅大統領も首席秘書官として加わっていた「韓日会談文書公開後続対策関連民官共同委員会」の名で、韓日請求権協定の法的効力範囲に関する韓国政府の立場を発表した。そこで戦時労働者の補償は日本からもらった無償三億ドルに含まれていると見るべきだから、韓国政府がその資金から救済を行う道義的責任があると以下のように認めた。

〈韓日協定交渉当時韓国政府が日本政府に対して要求した強制動員被害補償の性格、無償資金の性格、75年韓国政府補償の適正性問題等を検討し、次のように整理した。

○韓日交渉当時、韓国政府は日本政府が強制動員の法的賠償・補償を認めなかったため、「苦痛を受けた歴史的被害事実」に基づいて政治的次元で補償を要求したのであり、このような要求が両国間無償資金算定に反映されたとみなければならない。

○請求権協定を通じて日本から受け取った無償三億ドルは個人財産権（保険・預金等）、朝鮮総督府の対日債権等韓国政府が国家として有する請求権、強制動員被害補償問題解決の性格の資金等が包括的に勘案されているとみるべきである。

○請求権協定は請求権の各項目別に金額を決定したのではなく、政治交渉を通じて総額決定方式で妥結したため、各項目別の受領金額を推定するのは困難であるが、政府は受領した無償資金中相当金額を強制動員被害者の救済に使用すべき道義的責任があると判断される〉（傍線西岡）

盧武鉉政権はこの発表を受けて「対日抗争期強制動員被害者調査および強制動員被害者等支援委員会」を通じて、元戦時労働者や元軍人軍属とその遺族への慰労金支給を行った。同委員会は二〇一五年十二月までに七万二千六百三十一人に合計約六千二百億ウォンの慰労金を支給した。

韓国最高裁の奇怪な「統治不法論」

これで完全に終わったはずの徴用工個人補償問題が韓国の最高裁判所（大法院）判決で再燃しはじめた。日本での裁判に全敗した元工員らは二〇〇〇年五月から韓国の裁判所に日本企業を相手にする民事訴訟を起こしていた。当然、地裁、高裁は敗訴が続いた。ところが、李明博政権末期の二〇一二年五月二十四日、最高裁がそれをひっくり返すとんでもない差し戻し判決をくだしたのだ。

判決は、日本の判決は植民地支配が合法であるという認識を前提に国家総動員法の原告への適用を有効であると評価していると主張した上で、「日帝強占期の日本の韓半島支配は規範的観点から不法な強占に過ぎず、日本の不法な支配による法律関係のうち、大韓民国の憲法精神と両立しえないものはその効力が排斥されると解さなければならない」と言って、日本の判決を否定し、賠償請求権は日韓請求権協定によっても消滅していない、として、原告敗訴の原判決を棄却し事件を高裁に差し戻したのだ。

このとき、最高裁は小法廷で判決を下した。

この差し戻し判決を受け下級審では繰り返し日本企業の敗訴がつづき、それに対して日本企業が二〇一三年七月に最高裁に再上告した。上告審は開かれず、朴槿恵政権時代、確定判決が出ずずっと先送りされていた。朴槿恵政権下の外務省や大統領府などは対日外交に与える悪影響を水面下で指摘しつづけた。当時の最高裁長官や判事らも国際法は国内法に優先するという法原則をふまえると、二〇一二年の差し戻し判決は問題が多いことは分かっていた。だが、最高裁長官らは大法廷で審理を行って差し戻し判決を覆す勇気がなかった。親日派だと左傾マスコミなどから批判を浴びることを恐れたのだろう。

そして、朴槿恵大統領がデモによって弾劾され、文在寅政権ができ、文在寅が任命した左派の最高裁長官のリーダーシップの下、冒頭で見たように「統治不法論」に立つ不当判決が次々、出されるという信じがたい状況が生まれているのだ。

自称「元徴用工」に支払う補償金額は二兆円を超える

日本政府は、これらの判決は、一九六五年の日韓請求権協定で解決済みという立場で、「一九六五年の日韓正常化から築いてきた友好関係の法的基盤を根本から覆すもので断じて受け入れられない。（韓国政府の）適切な措置が講じられない場合は国際司法裁判や対抗措置を視野に入れる」と反発しているが当然だろう。「徴用工」裁判はまだ判決ラッシュが今後も続く。同様の判決が出て、確定していく可能性が高い。

同時期に、二〇一八年十一月二十一日には、日韓慰安婦合意の根幹ともいえる「和解・癒やし財団」の解散が韓国政府から一方的に発表もされた。

「日韓慰安婦合意」は、二〇一五年十二月二十八日に、当時の朴槿惠大統領時代に合意されたものだ。財団はこの合意の下、二〇一六年七月に設立されて、日本からの拠出金十億円から生存している被害者と遺族にそれぞれ一億ウォン（約一千万円）と二千万ウォン（約二百万円）を支払うことを業務としていた。これまで元慰安婦や遺族に四十四億ウォン（約四億四千万円）が支払われ、職員などの人件費などで五億九千万ウォン（約五千九百万円）が費やされていた。私は、『ゆすり、たかりの国家』（ワック）の第三章『「慰安婦」解決はもはや不可能か？』の冒頭で、この合意が問題の「解決につながるのだろうか。その答えは否である」と予言しておいた。その見通しは正しかった。

韓国からは、この慰安婦のような形で、「元徴用工」らに現金を支給する財団の設立案が浮上し、そこに日本企業の「出資」を求める意見も出ている。日本でも一部新聞が「検討に値する」と言い出す可能性もある。しかし、こんなものに絶対に乗ってはいけない。日韓外交関係の根本を否定するからだ。それで終わらないことは、慰安婦財団設立の失敗からも自明ではないか。

そもそも「元慰安婦」の数に比べて、韓国側のいう「元徴用工」の数は多い。韓国では約二十二万人が「元徴用工」と認定されている。実際は、軍人・軍属が七万人ほど含まれるとされ、労働者としての「朝鮮人戦時労働者」は十五万人程度だ（その中で「徴用工」といわれる人は数万人程度でしかないのだが）。労働者に慰謝料が出るなら軍人・軍属も自分たちにも払えと言ってくる。仮に、今回の判決に倣って二十二万人に対して一千万円ずつ払うとなれば、総額は二兆円を超えてしまう。その上、朝鮮内で動員された者をはじめ、日本語使用を強要された、創氏改名させられたと主張する者などが次々に慰謝料を求めてくる。

本来なら「時効」も成立しているにもかかわらず、韓国の裁判所がそのあたりを曖昧に解釈し、最高裁の確定判決日（二〇一八年十月三十日）から三年の間は、「戦時徴用をめぐって新たに提訴できる」との判決（光州高裁）まで出てきた。これを根拠に、今後、駆け込み訴訟が相次ぐだろう。

第四章で詳述するが、文在寅は、大統領に当選してから、着々と司法界や軍隊、情報機関に対して、政権に都合のいいようにするために「反日民族主義革命」を進めているという現実を我々は直視し、きちんとした対応策を備えておく必要があった。

「戦時労働者」の多くは「徴用工」ではない

なお、私はこれまでは「元徴用工」という用語を使っていた。ソウルに支局を置く大手のマスコミがすべて今回の裁判（新日鉄住金）を起こした四人について「元徴用工」だと報じていたので、検証せずそれに従っていた。

しかし、四人の渡日の時期が徴用が始まった一九四四年九月以前だとする韓国の報道に接しておかしいと思い調査したところ、四人とも徴用ではなく募集で渡日していたことが分かった。

原告1と原告2は、一九四三年九月に平壌で日本製鉄が出した工員募集広告を見て応募し、募集担当者による面接試験に合格し、担当者の引率で渡日。大阪製鉄所の訓練工となる。一九四四年二月、現地徴用されたと陳述している。

原告3は、一九四一年大田市長の推薦で「報国隊」に入隊し、日本製鉄募集担当者の引率で渡日。釜石製鉄所の工員となる。

原告4は一九四三年一月、群山府（現在の群山市）の指示を受けて募集され、日本製鉄募集担当者の引率で渡日。八幡製鉄所工員となる。

なお、朝鮮半島での戦時労働動員は次の三つの時期に区分される。

（1）一九三九～四一年に民間企業が朝鮮に渡り、実施した「募集」

（2）一九四二～四四年九月まで朝鮮総督府が各市・郡などに動員数を割り当て、行政の責任で民間企業に引き渡した「官斡旋《あっせん》」

（3）国民徴用令に基づき、一九四四年九月～四五年三月ごろまで発動した「徴用」

したがって、原告は4人とも「徴用」で渡日していない。

そこで二〇一八年十月二十四日に安倍総理側近であるE補佐官にそのことを指摘するメモを託して、政府内で「徴用工」という用語を使うことを止めるように依頼した。

また、同年十一月一日付『産経新聞』朝刊に同じ趣旨のことを書いたコラムを寄稿した。

すると、さっそく、同日、衆議院予算委員会で安倍首相は、「政府としては『徴用工』という表現ではなく、『旧朝鮮半島出身の労働者』と言っている。四人はいずれも『募集』に応じたものだ」と答弁した。

また、外務省は同年十月三十日まで「徴用工」(requisitioned civilian workers) という用語を使い続けていたが、十一月九日から「旧朝鮮半島出身労働者」(former civilian workers from the Korean Peninsula) という用語を使いだした。当然の対応だ。

だが、「旧朝鮮半島出身労働者」(former civilian workers from the Korean Peninsula) という用語は、日本語では一九一〇年から一九四五年までの日本統治時代の全期間が含まれてしまう。英語では一九四五年以降、現在までの渡日者までも含まれてしまうという欠点がある。国家基本問題研究所（櫻井よしこ理事長）は、「朝鮮人戦時労働者」(wartime Korean workers) と呼ぶことを提言している。

「歴史用語」は正しく修正せよ

ちなみに、『ジャパンタイムズ』も二〇一八年十一月三十日付けで、「朝鮮半島出身労働者」と「慰安婦」の英語表現を以下のように変更すると発表している。

Editor's note: in the past, The Japan Times has used terms that could have been potentially misleading. The term "forced labor" has been used to refer to laborers who were recruited before and during World War II to work for Japanese companies.

（編集部からのお知らせ：過去、ジャパンタイムズ紙は、誤解を招く可能性がある表現を用いてきました。第二次世界大戦前と戦中に日本企業に雇用された労働者について、「強制労働」という言葉が使われていました）。

However, because the conditions they worked under or how these workers were recruited varied, we will henceforth refer to them as "wartime laborers."

（しかしながら、労働環境や、雇用の経緯が多様である為、今後はそれらの労働者を「戦時労働者」と表現することにします）。

Similarly, "comfort women" have been referred to as "women who were forced to provide sex for Japanese troops before and during World War II."
（同様に、「慰安婦」は「第二次大戦前と戦中に、日本軍に性行為を強要された女性達」と表現していました）

Because the experiences of comfort women in different areas throughout the course of the war varied widely, from today, we will refer to "comfort women" as "women who worked in wartime brothels, including those who did so against their will, to provide sex to Japanese soldiers."
（ですが、慰安婦の経験は戦争中、地域によって大きく異なるため、本日より「慰安婦」を、「自ら望まなかった者も含み、戦時下の娼館で日本兵相手に性行為を提供していた女性達」と表現することにします）。

間違った「歴史用語」を「（少しでも）正しく修正」するのは結構なことだ。一歩前進といえよう。

「机上の空論」を追い求めていた外務省

しかし、外交の最前線に立っているはずの外務省は、このような事態が起きることをきちんと予想していたのだろうか。少なくとも二〇一八年七月下旬までは、あるいは十月初めまでも深刻に受け止めていなかったと言える。

というのも、こういう経緯があったからだ。

河野外相は、七月二十七日に会見を開き、小渕恵三元首相と韓国の金大中元大統領による「日韓パートナーシップ宣言」から二十周年を迎えることを踏まえ、「日韓文化・人的交流推進に向けた有識者会合」を作り、提言を求めると発表した。記者の質問に対して大臣は、「文化、人的交流を含め、さまざまな交流について提言してもらう。慰安婦問題などについて何かお願いすることはない」と述べていた。

そして、同会議は同年十月三日、文化・人的交流、観光、食などに関する提言をまとめ外相に提出した。その中では戦時労働者をはじめとする歴史問題は一言も触れられていない。

ちなみに、メンバーは以下の通りだ。

近藤誠一（座長）・元文化庁長官、黒田福美・俳優、小倉紀蔵・京都大学教授、小針進・静岡県立大学教授、澤田克己・毎日新聞外信部長、西野純也・慶応義塾大学教授。

数カ月後に、日韓関係を根本から揺るがす韓国最高裁の判決が出る可能性を予想していたなら、このような安易な提言を求めただろうか。日韓で、文化や人的交流が拡大できない一番の阻害要因が歴史認識問題なのだ。それを避けて、いくらきれいごとを議論しても日韓関係は良くならない。まさに机上の空論だ。

一方、同年七月下旬、私が会長を務める小さな民間研究団体である歴史認識問題研究会（歴認研）は最高裁判決を予想し、それに備えるために釜山にある「国立日帝強制動員歴史館」の現地調査を行った。同歴史館では、韓国政府機関である「対日抗争期強制動員被害調査および国外強制動員犠牲者等支援委員会」が作成した「日帝強制動員現存企業」の実名が映像で展示されていた。それを整理して二百七十五社のリストを作成して九月初め、歴認研ホームページなどで公開した。

次ページから、そのリストを紹介する。

強制動員歴史館日本企業名

あ行	アイサワ工業
	愛知機械工業
	愛知製鋼
	愛知時計電機
	秋田海陸運送
	味の素
	東海運
	旭化成
	旭硝子
	アステック入江
	麻生セメント
	荒井建設
	飯野海運
	飯野港運
	池貝
	石田
	石原産業
	いすゞ自動車
	イビデン
	岩田地崎建設
	宇部興産
	宇部三菱セメント
	宇部マテリアル
	王子製紙
	大林組
	岡部鐵工所
	大阪ガス
	大阪機船
	大阪製鉄
	オーエム製作所
	オーエム紡機製作
か行	鹿島建設
	春日鉱山
	片倉工業
	片山鋲螺工業
	金子組　未来図建設
	兼松日産農林
	神岡鉱業
	神津製作所
	川崎運送
	川崎汽船
	川崎重工業
	関西汽船
	神崎組
	関東電化工業
	京三製作所
	協和発酵キリン
	クラシエホールディングス
	クラレ
	グンゼ
	日下部建設
	熊谷組
	栗林商船
	栗本鐵工所
	黒崎播磨
	小池組
	鴻池組
	虹技

	江若交通
	神戸製鋼所
	合同製鐵
	古河機械金属
	古河電気工業
	国産電機
	コマツ
	コマツＮＴＣ
さ行	相模組
	サクションガス
	佐藤工業
	佐野屋建設
	サワライズ
	三機工業
	三光汽船
	山九
	サンデン交通
	山陽特殊製鋼
	品川リフラクトリーズ
	清水運送
	清水建設
	ジェイ・ワイテックス
	ジャパンエナジー
	商船三井
	商船三井オーシャンエキスパート
	商船三井タンカー管理
	昭和KDE
	昭和産業
	昭和鐵工
	昭和電工

	昭和飛行機工業
	常磐興産
	信越化学工業
	新日本海重工業
	新笠戸ドック
	新日本製鐵
	新明和工業
	菅原建設
	鈴与
	住石ホールディングス
	住友大阪セメント
	住友化学
	住友金属小倉（新日鉄住友小倉製鉄所）
	住友金属工業（新日鉄住金）
	住友金属鉱山
	住友鋼管（日鉄住金鋼管）
	住友ゴム工業
	住友電気工業
	セイサ
	セイタン
	銭高組
た行	大成建設
	太平製作所
	太平洋興発
	太平洋セメント
	太洋日本汽船
	田岡化学工業
	竹中工務店
	田淵電機

た行	玉井商船
	第一中央汽船
	ダイキン工業
	ダイセル
	ダイゾー
	大同化学工業
	大同特殊鋼
	ダイワボウホールディングス
	立飛企業
	龍田紡績
	丹野組
	中越電気工業
	中央電気工業
	中外鉱業
	中国電力
	中国塗料
	敦賀海陸運輸
	鶴見曹達
	テイカ
	帝国繊維
	帝国窯業
	鉄建建設
	電気化学工業
	東亜建設工業
	東海カーボン
	東海汽船
	東海ゴム工業
	東急車輛製造
	東京ガス
	東京製鐵
	東京製鋼
	東京麻糸紡績
	東芝
	東芝機械
	東邦亜鉛
	東邦ガス
	東洋鋼板
	東洋紡績
	トクヤマ
	戸田建設
	栃木汽船
	トナミホールディングス
	飛島建設
	トピー工業
	土肥マリン観光
	DOWAホールディングス
な行	ナイガイ
	直江津海陸運送
	中山製鋼所
	七尾海陸運送
	ナブテスコ
	名村造船所
	新潟造船
	西松建設
	ニチリン
	ニチロ
	ニッチツ
	日産化学工業
	日産自動車
	日新製鋼

	阪神内燃機工業		日鐵鉱業
	日立航空機		日本乾溜工業
	日立製作所		日本化学
	日立造船		日本カタン
	日之出郵船		日本カーバイド工業
	姫路合同貨物自動車		日本カーボン
	平錦建設		日本碍子
	廣島ガス		日本高周波鋼業
	備後通運		日本軽金属
	伏木海陸運送		日本建鐵
	不二越		日本車輌製造
	富士重工業		日本重化学工業
	フジタ		日本水産
	富士電機		日本製鋼所
	富士紡ホールディングス		日本製紙
	フルチュウ		日本曹達
	北越メタル		日本鋳造
	北海道炭鉱汽船		日本通運
	保土谷化学工業		日本鐵板
ま行	マツダ		日本ヒューム
	松村組		日本無線
	馬渕建設		日本山村硝子
	マルハニチロ水産		日本郵船
	ミクニ		野上
	三井化学		野村興産
	三井金属鉱業	は行	博多港運
	三井住友建設		萩森興産
	三井造船		函館どっく
	三井農林		間組
	三井松島産業		パナソニック

ら行	ラサ工業
	リーガルコーポレーション
	リコーエレメックス
	りんかい日産建設
	燐化学工業
	リンコーコーポレーション
わ行	和光堂
	Hitz日立造船
	JFEエンジニアリング
	JFEスチール
	JFEミネラル
	JRグループ
	NSユナイテッド海運
	SECカーボン

全275社
※黒崎播磨が映像にて2回登場した。
※映像では「片山浜螺工業」、「飛鳥建」「東京麻絲紡績」と表示されていたが、表では正しい社名に直した。
※「住友鋼管」など合併などで変更されている旧社名もあったが、そのままにしている。
※鶴見曹達は2013年に東亞合成に吸収合併されたが、現存企業として表示されていた。

ま行	三菱化学
	三菱商事
	三菱重工業
	三菱伸銅
	三菱製鋼
	三菱倉庫
	三菱電機
	三菱マテリアル
	ミネベア
	宮地サルベージ
	明星セメント
	向島ドック
	明治海運
	森永製菓
	門司港運
や行	矢野鐵工所
	矢橋工業
	山文油化
	ヤンマー
	横浜ゴム
	吉澤石灰工業
	淀川製鋼所
	吉年
	ヨータイ

なお韓国裁判所で現在争っている朝鮮人戦時労働者に関する裁判は、二〇一八年十月三十日に確定判決が出た新日鉄住金裁判、十一月二十九日に確定判決の出た二件の三菱重工裁判を含めて十五件あり、被告企業は合計七十一社以上、原告は合計九百四十五人だ。一人あたり一億ウォンとすると九百四十五億ウォン（約百億円）となる。十五件のうち七割を占める十一件は、三社を相手にしたもの。すなわち三菱重工五件、新日鉄住金三件、不二越三件だ。

三社は日本に支援組織があり、まず日本で裁判が起こされて敗訴し、その後日本の支援組織の援助を受け、韓国で裁判が起こされたという共通の特徴がある。新日鉄住金裁判支援組織は「日本製鉄元徴用工裁判を支援する会」だ。今回勝訴した原告らが日本の裁判で敗訴したとき、韓国で訴訟をするように励まし、支援したと伝えられている。

三菱重工裁判の支援組織は少なくとも二つある（長崎に三つ目があるという情報があるが未確認）。一つ目が元工員を支援する「三菱広島元徴用工被爆者裁判を支援する会」で一九九五年に広島地裁に提訴した時から支援を継続している。二つ目が元女子挺身隊を支援する「名古屋三菱・朝鮮女子勤労挺身隊訴訟を支援する会」で、やはり九九年に名古屋地裁に提訴したときから支援している。

不二越裁判の支援組織は「第二次不二越強制連行・強制労働訴訟を支援する北陸連絡会」で、一九九二年に富山地裁に裁判を起こしたときから活動している。九二年提訴の一次訴訟は、二〇〇〇年七月に最高裁で和解が成立して、原告三人、元同僚五人、「太平洋戦争犠牲者遺族会」に合計三千数百万円の解決金が支払われている。その後、日本で二次訴訟を起こし、韓国でも訴訟を提起した。

これらの支援組織は左派系労組や学者、宗教人などが主体で現在に至るまで毎年、当該企業の株主総会に出席し、年に数回、企業を抗議訪問している。

この三社を相手にする裁判に先駆けて九一年十二月、日本政府を相手にした「アジア太平洋犠牲者訴訟」が東京地裁に提起される。高木健一弁護士らが支援し、元慰安婦も原告として参加したため大きく報じられた。二〇〇四年に最高裁で敗訴したが、こちらは日本政府が被告だった関係で韓国での裁判は提起されていない。

三社を相手にする十一件以外の四件のうち日立造船を一人の原告が訴えたもの以外の三件は、六十二人（当初は二百五十二人だったが六十二人以外は取り下げとみなされた）、六百六十七人、八十八人という多数の原告がそれぞれ三社、七十社、十八社をまとめて訴えているところに特徴がある。

二〇一五年に最高裁が新日鉄住金の先行裁判に対して原告敗訴の高裁判決を棄却して高裁に差し戻す判決を下した後、勝訴の可能性を見た韓国内の弁護士や運動家の勧めで多数の原告が慌てて起こしたという印象がある。なお、三菱重工はこの三件全部でも被告とされ、新日鉄住金は二件で被告になっている。したがって、三菱重工は合計八件、新日鉄住金は合計五件の裁判で訴えられていることになる。

三社以外に提訴されているのは以下の六十七社だ（日本経済新聞二〇一八年十月三十日付けから西岡が整理。なお同記事では「松本組」とされていたが、同社は戦中は家業として家曳きや大工を営んでおり株式会社となったのは一九七〇年だから、韓国政府リストにあった「松村組」の誤記と判断して「松村組」とした)。

飛島建設、麻生セメント、安藤ハザマ、石原産業、岩田地崎建設、宇部興産、王子製紙、大林組、角一化成、鹿島、クボタ、熊谷組、小林工業、佐藤工業、三光汽船、山陽特殊製鋼、昭和電気鋳鋼、清水建設、品川リフラクトリーズ、住友化学、住友金属鉱山、住石ホールディングス、常磐興産、菅原建設、大成建設、ダイセル、ダイゾー、太平洋興発、デンカ、東邦亜鉛、東芝、新潟造船、西松建設、日産化学、日産自動車、ニッチツ、日鉄鉱業、日本通運、日本曹達、日本冶金工業、日本郵船、日油、野上、函館どつく、パナソニック、日立造船、広野組、フジタ、古河機械金属、北海道炭砿汽船、松村組、三井金属、三井松島産業、三井E&S造船、三菱ケミカル、三菱倉庫、三菱電機、三菱マテリアル、三宅組、森永製菓、山口合同ガス、ラサ工業、りんかい日産建設、DOWAホールディングス、IHI、JXTGエネルギー、TSUCHIYA

なお、先に書いたとおり私たち歴史認識問題研究会の調査で、韓国政府が二百七十五社を、強制動員を行った現存企業と認定していることが判明した。

この二百七十五社には上記三社と六十七社が含まれる。したがって、全体の構造は九〇年代から日本の組織の支援の下で訴えられていた三社、二〇一二年の韓国最高裁差し戻し判決後、駆け込み的に訴えられた六十七社、今回の不当判決により今後訴えられる危険性が大きくなった二百五社ということになる。

盧武鉉の時が「歴史的大転換」だった

私は二〇一八年八月八日付『産経新聞』に「日韓揺らす徴用工判決に準備を」というコラムを書いて〈「戦時動員は強制連行ではない」「戦後補償は日韓協定で終わっている」という国際広報を強化しなければならない。それなしには国際的誤解が広がり、第二の慰安婦問題となりかねない〉と警鐘を鳴らした。

このコラムは依頼原稿ではなく、私の方からいまこれを訴えなければならないという強い問題意識を持って寄稿したものだった。

他方、外務省は何をしていたのか。同年十月九日、外務省飯倉公館において河野外相主催「日韓パートナーシップ宣言」二十周年記念レセプションが開催された。政財界関係者、韓国関係者、有識者等約二百名が出席した。有識者会議メンバーも当然参加しただろう。私たち歴認研メンバーに招待はなかった。先にも少し触れたが、外務省のホームページによると冒頭、河野外相が次のようなあいさつをしたという。

〈(1)今からちょうど二十年と一日前、小渕総理と金大中大統領は、「日韓パートナーシップ宣言」において、未来志向の日韓関係構築に向けた決意を高らかに宣言した。

(2)これまで両国関係は、幾多の困難に直面してきたが、先人たちは、その度にその知恵でもって、困難を乗り越えてきており、二十年前の小渕総理と金大中大統領との「日韓パートナーシップ宣言」が歴史的な転換点となった。

(3)今回の二十周年についても、未来志向の日韓関係発展に向けた契機とし、より一層努力してまいりたい〉

韓国最高裁が確定判決を下すわずか三週間前のことだ。この問題意識の稀薄さこそが日韓関係悪化の要因だと言わざるを得ない。

ここで特に問題なのは（2）の認識だ。金大中大統領の後を継いだ盧武鉉大統領は二〇〇五年三月、「強制徴用」「慰安婦」に対する賠償を求めるという特別談話を出して対日外交戦争を宣言し、東北アジア歴史財団をつくって研究と広報の体制を整えた。それこそが日韓関係の、負に向けての「歴史的な転換点」だった。

ところが、外務省はその深刻さを認識せず、歴史戦争に対抗するわが国の研究と広報の体制を整備しなかったのだ。

文在寅は、金大中、盧武鉉の後継者を自認

現在の歴史認識問題をめぐる日韓関係の悪化は、二〇〇五年三月の盧武鉉談話が転換点だったのだ。この転換点を直視せず、一九九八年の小渕・金大中宣言が転換点だったなどと、二〇一八年十月九日の時点で河野外相に語らせる外務官僚の認識不足が今日の日韓関係の悪化を招いた重大な要因の一つなのだ。

ここで対日歴史戦争を宣言した二〇〇五年三月の盧武鉉談話を見ておく。彼は同年二月に鳥取県が「竹島の日」を制定したことや検定済みの歴史教科書記述が韓国から見て不満だったことなどを理由に、小渕・金大中宣言などで約束した「未来志向的関係」のために自制してきた対日非難を政府として本格的に行うと強調して、今後韓国政府は前面に出て「外交戦争」を戦うと次のように語った。

〈政府は積極的に前に立ちます。これまで政府が日本に対して、言うべきことや主張があっても、なるべく市民団体や被害者に任せて沈黙してきたのは事実です。

被害者らの血の出るような叫びにも手を貸さず、被害者らが真相解明のために東奔西走している時にも、満足に手伝いをしませんでした。政府間の摩擦にともなう外交上の負担や、経済までにも影響が及びかねないことを考慮した面もありますが、何よりも、未来志向的な韓日関係を考えて自制しました。

しかし、それに対する日本からの返答は、未来を全然考慮していないとしか考えられない行動でした。今ではむしろ、政府が前に出なかったことが日本の無神経さを呼んだのではないかという疑問が提出されています。これではだめです。今からでも、政府ができることはすべて行おうと思います。

まず、外交的に断固として対応します。外交的対応の核心は、日本政府に対して断固として是正を要求することです。日本政府の誠意ある答えは期待し難いという懸念があることは事実ですが、当然言わなければならないことならば、受け入れる時まで言うことを止めず、ねばり強く要求します。

次に、国際世論を説得します。国際秩序は力の秩序であって、国家関係は利益が優先されることが現実ではあります。しかし一方で、国際社会は各自が皆として尊重すべき普遍的価値と秩序を強調する方向に少しずつ進んでいることも事実です。日本が普通の国家を越えアジアと世界の秩序をリードする国家になりたいのであれば、歴史の大義に合致する身の処し方をし、確固たる平和国家としての国際社会での信頼を回復しなければなりません。

国際社会にも日本に対して、人類の良心と国際社会の道理に従って行動するよう促す義務があります。私たちは国際社会に向かって、この当たり前の道理を説得します。

これらすべてよりも大切なのは、日本国民を説得することです。問題を究極的に解決しようとするならば、日本国民が歴史を正しく知り日本が韓日両国と東北アジアの未来のために何をなすべきかについて正しく理解しなければなりません。それがあって、日本政府の政策が正しい方向に向かうのです。

これらのことは、決してやさしいことではありません。他人の過ちを公開的に指摘するようなことは、困難であるだけでなく気まずいものです。相互に顔を赤らめて対立することも多くなるでしょう。ほかの国々の人々の目に、私たちが非難し合い争っているように映るのは、たいへん恥ずかしくもあります。

厳しい外交戦争もありえます。そのために経済、社会、文化その他多くの分野の交流が萎縮し、それが我々の経済を冷え込ませないかという憂慮もあります。

しかしこの問題については、大きく心配しなくてもよいでしょう。今や私たちもそれなりの困難には堪えられる十分な力量があると考えます。そして、国家的に必ず解決するべきことのため、どうしても忍耐しなければならない負担であるならば、毅然として忍耐するべきです。しかし、耐えられない負担が生じないように、一方では状況を賢く管理します。

どんな困難が生じたとしても、後退したりうやむやにしたりせず、韓国国民が受け入れられる結果が実現するまで、ねばり強く対処します。今回は必ず根を絶ちます〉

盧武鉉大統領は明確に小渕・金大中宣言を否定して、外交戦争をすると宣言していることがよく分かる。

その上、そもそも、金大中大統領は日本にとって有難い人物だったのか、そこから検討しなければならない。

私は前著でも文在寅政権下の韓国では自由民主主義、反共体制を覆す「革命」が進行中だと繰り返し書いてきた。そのスタート地点が金大中政権だった。

文在寅大統領は二〇一七年五月、大統領選で当選確実というマスコミ報道が出た直後に支持者らを前にして自身の政権を「第三期民主政府」と呼んだ。文氏は、朴氏の辞任により、現行憲法の規定に従って繰り上げ実施された大統領選挙で当選した。

第六共和国憲法と呼ばれている現行憲法は一九八七年に制定された。その憲法下で、盧泰愚、金泳三、金大中、盧武鉉、李明博、朴槿恵の六人が大統領に選出され政権を担った。ところが、文氏は自分は三番目だという。つまり、金大中、盧武鉉以外の保守系大統領の政権は民主政府ではなかったと断言しているのだ。彼の言う「民主主義」が現行憲法に規定された「自由民主主義」なのか、北朝鮮が自称する「人民民主主義」なのか疑いを持たざるを得ないテーマだ。

元北朝鮮工作員の驚愕すべき証言

その文氏から見て、金大中政権こそが「初代民主政府」なのだ。私はある元北朝鮮工作機関出身で亡命者から次のような話を聞いて戦慄したことがある。

平壌郊外で順安飛行場の近くには工作員養成学校である金正日政治軍事大学がある。その敷地の北側に金日成の銅像が立っており、その横に二階建ての建物がある。それが秘密の博物館である南朝鮮革命史跡館だ。

この博物館の存在を知るのは、工作機関に勤務する者だけだ。その中でも現役の工作員と最高幹部以外は中に入ることを許されない。政治軍事大学の学生や一般教官も入れない。

私に話をしてくれた元工作員は、八〇年代後半に内部に入ったという。同史跡館は、北朝鮮工作機関が行った過去の南朝鮮での活動の資料が集められ、諜報の成果が誇らしげに展示されているという。

一階には金日成の胸像があり、二階に上がると「金大中先生室」があり、金大中に対して北朝鮮がいかに工作をして成功させたかが展示されていたとのことだ。

さらに、その横には「金鍾泰同志室」があった。金鍾泰は北朝鮮の工作を受けて一九六〇年代韓国で結成された地下党「統一革命党」の最高幹部で六九年、処刑されている。

なお、平昌五輪出席のため韓国を訪れた金正恩の妹の与正は大統領官邸を訪問して文大統領と会談した。その際、「通」という漢字の書芸が壁に飾られていて、そこで文と与正は記念撮影をした。

この書芸を書いたのが金鍾泰とともに統一革命党を創建した申栄福という人物だ。彼は無期懲役で刑務所に収監されていたが、特赦で出獄し、親北左派知識人として活動を続け数年前に死亡した。要するに、文大統領は平昌五輪開会式のパーティでわざわざ、申栄福を尊敬していると公言したのだ。そして、統一革命党最高幹部の書芸が韓国大統領官邸に飾られ、その前で北朝鮮労働党の最高幹部の一人である与正が文大統領と記念撮影をしたのだ。もしかするとその写真も、すでに南朝鮮革命史跡館に展示されているかも知れない。

北朝鮮の崩壊を救った「太陽政策」

金大中は大統領になって「太陽政策」と称して大々的に北朝鮮への経済援助を行った。盧武鉉政権まで続いた対北援助は十年間で七十億ドル相当だったと李明博政権が発表した。それに民間支援まで加えると約百億ドル、年間十億ドルになる。そのころ、北朝鮮は苦難の行軍と呼ばれる大飢饉が起き、人口の一五％にあたる三百万人以上が餓死するという経済危機だったが、この支援のため政権崩壊を免れ核開発を続けられた。

二〇〇〇年六月に金大中は平壌を訪れ金正日との間で初めての南北首脳会談を持った。金大中は金正日に面会の前に四億五千万ドルの現金を秘密裏に不法送金していたことが、後日暴露されたが、盧武鉉政権がかばったため金大中は刑事責任を問われなかった。しかし、金大中が署名した南北共同宣言は、韓国の反共自由民主主義体制を否定する危険な要素が多数含まれるため憲法違反だという批判が当時からずっとある。

具体的には南北統一を「その主人であるわが民族同士、互いに力を合わせ自主的に解決」と書いて反米運動に道を開いたこと、統一の方案として「南側の連合体案と、北側の低い段階の連邦制案が互いに共通性があると認め、今後はこの方向から統一を指向していく」として韓国の憲法が規定する自由統一を否定して北朝鮮主導の連邦制統一に賛成したこと、「経済協力を通じ、民族経済を均衡的に発展させ（る）」として貧しい北朝鮮と豊かな韓国の経済を均衡させるレベルまで対北支援を行うと約束したことなどだ。

政財官、そして国民の奮起なくして韓国には勝てない

日本の立場から許せないのは「非転向長期囚問題を解決する」として、拉致実行犯である辛光洙を含むいわゆる「非転向長期囚」を北朝鮮にあっさりと送還してしまったことだ。

私たち家族会と救う会は当時、東京の韓国大使館を訪問して、北朝鮮公式メディア

は辛光洙スパイ事件を韓国のでっち上げだとして辛は北朝鮮人ではないと主張しているのだから、辛を北朝鮮ではなく日本に送還して欲しいと申し入れたが無視された。金大中大統領は、日本の拉致家族の必死の訴えを無視したのだ。

河野太郎外相は、朝鮮人戦時労働者への補償問題は百％韓国の責任でやるべきことであり、日本は毅然と対応すると言明している。外務省も四人の原告は徴用ではなく募集で渡日したと主張し始めた。これは正しい対応だ。

しかし、外務省が行っている国際広報は現在まで、日韓請求権協定を中心とした戦後の外交的処理の実態を知らしめることに限定されていて、広報宣伝力が弱すぎる。現在、韓国の裁判所には今回確定判決が出た訴訟以外に十二件の訴訟が係争中だ。原告は合計約千人、被告の日本企業は先に見た通り七十社を超える。

また、先に書いたように私たちの調べでは韓国政府は現存日本企業二百七十五社を「強制動員」企業として認定している。

これらの事例の事実関係をきちんと調べ、国際社会に戦時労働は期限契約による賃労働で待遇は決して悪くなかった、強制連行や性奴隷という言葉は実態を反映していない誹謗中傷だという事実をきちんと広報しなければならない（この点は、本書の第二章を参照してほしい）。

文在寅韓国大統領が、二〇一七年八月十七日の記者会見で、日本統治時代に徴用されて働いた「徴用工問題」で、個人の賠償請求を認めた韓国裁判所の立場を支持する考えを示した。文氏は「（「徴用工問題」を解決した政府間の）両国合意は個人の権利を侵害できない。政府はその立場から歴史認識問題に臨んでいる」とまで語った。

その後、安倍首相との電話会談で国家対国家の請求権処理は終わっているという立場を表明したというが、文在寅大統領の発言は、一九六五年に作られた日韓国交正常化の枠組みを根底から覆《くつがえ》しかねない危険性を含んでいた。そして、二〇一八年十月以降、最高裁がまさに日韓関係の根幹を揺るがす不当判決を下し続けていることは本章冒頭で見たとおりだ。

わが国政府は、徴用による労働動員は当時、日本国民だった朝鮮人に合法的に課されたものであって、不法なものではなかったと繰り返し主張している。しかし、それだけでは国際広報として全く不十分だ。韓国では第三章で詳しく取り上げる映画『軍艦島』や新たに立てられた「徴用工像」などを使い、あたかも「徴用工」がナチスドイツのユダヤ人収容所のようなところで奴隷労働を強《し》いられたかのような宣伝を活発に展開している。このままほっておくと、「徴用工問題」は第二の慰安婦問題となって「虚偽宣伝」でわが国の名誉がひどく傷つけられることになりかねない。官民が協力して当時の実態を事実に即して広報して、韓国側の虚偽宣伝に反論しなければならない。

　そのためには盧武鉉政権が十四年前に作ったような歴史認識問題（竹島・領土問題を含んでも良い）に特化した専門の研究機関・部署を日本も作らなければならない。安倍政権の決断と、新日鉄住金や三菱重工をはじめとする財界の協力、そして国民世論の奮起を強く訴えたい。

第二章

戦時労働者の真実、強制労働のウソ

「強制労働」のウソは日本人研究者が広めた

第一章で取り上げた戦時労働者問題における日韓の歴史戦は、すでに三年前の二〇一五年に一度、日本が大きく負けていた。二〇一五年七月、明治日本の産業革命遺産が世界遺産に登録された。その際、日本大使が「forced to work under harsh conditions」と演説したからだ。韓国がこの間、国際社会に「強制労働」を宣伝してきた。外務省は韓国が「Forced Labor」という国際法上の強制労働を意味する語を使わないことの見返りに「forced to work」という表現を使うことにし、この語は強制労働を意味しないと外相会見などで繰り返し弁解したが、韓国の政府とマスコミは「forced to work」という表現でも強制性は認められていると主張した。その結果、国際社会では日本が「強制労働」を認めたかのように受け取られた。だから、二〇一八年十月三十日に韓国最高裁が新日鉄重金敗訴判決を下すと、『ニューヨーク・タイムズ』は同日付で原告のことを「Slave Labor（奴隷労働者）」と書いた。

事実関係に踏み込んで反論をせず、用語の面で足して二で割る表現をして妥協するというこれまでと同じ歴史戦争での負けパターンだ。外務省は朝鮮人労働者の戦時動員の実態を事前に調査し、英文などの分かりやすい資料で広報をしておくべきだった。

今、政府は、徴用による労働動員は当時、日本国民だった朝鮮人に合法的に課されたものであって、不法なものではなかったと繰り返し主張している。しかし、それだけでは国際広報として全く不十分だ。そもそも、二〇一五年当時の韓国政府は、戦時中、産業革命遺産の二十三施設のうち七施設に朝鮮半島出身者約五万八千人が送られ、働かされたと主張して、世界遺産登録に反対していた。この五万八千という数字は、徴用によって動員された数字ではない。一九三九年にはじまった国家総動員法に基づく戦時労働動員の全体の数字だ。この時も戦時労働全体を「徴用工」とするウソ宣伝がなされていた。

国家総動員法にもとづき朝鮮半島から内地（樺太《からふと》など含む）への労働動員が始まったのは一九三九年である。一九三九年九月から一九四一年までは、指定された地域で業者が希望者を集めた「募集」形式。一九四二年十二月から一九四四年八月まではその募集が朝鮮総督府の「斡旋《あっせん》」により行われ、一九四四年九月に国民徴用令が適用された。なお、一九四五年三月末には関釜連絡船がほとんど途絶えたので、六カ月あまりの適用に終わった。

一九六〇年代以降、日本国内の朝鮮総連や日本人左派学者がこれら全体を「強制連行」と呼び始め、彼らの立場からの調査が続けられてきた。

韓国でもまず学界がその影響を受け、次第にマスコミが「強制連行」を報じるようになった。前述の通り韓国政府も盧武鉉政権時代の二〇〇四年、日帝強占下強制動員被害真相糾明委員会を設立した。ここで言われている「強制動員被害」とは、「満洲事変から太平洋戦争に至る時期に日帝によって強制動員された軍人・軍属・労務者・慰安婦等の生活を強要された者が被った生命・身体・財産等の被害をいう」(日帝強占下強制動員被害真相糾明等に関する特別法)。

まず、日本において問題提起がなされ、それが韓国の当事者を刺激し、運動が始まり、韓国マスコミが大きく取り上げ、韓国政府が動き始めるという慰安婦問題とほぼ同じパターンで事態が悪化しているのだ。日本の反日運動家と左派学者らは、二〇〇五年、「強制動員真相究明ネットワーク」(共同代表飛田雄一、上杉聰、内海愛子)を結成して、韓国政府の調査を助けている。

共同代表の一人であった内海愛子氏は、二〇〇〇年の「女性国際戦犯法廷」で、東京裁判を「天皇の免責、植民地の欠落、性暴力の不処罰」を理由に批判した、代表的な学者だ。彼らは、日本の朝鮮統治が国際法上、非合法であったという立場を日本政府に認めさせ、国家補償を実施することを目的とした大規模な政治運動を続けている。彼らはこう主張している。

〈「強制連行がなかった」とする主張の根本には、植民地支配は正当なものであるという認識があります。日本による植民地支配は正当な支配であり、動員は合法的なものであるという考え方です。しかし、韓国では「韓国併合」を不法・不当ととらえており、日本に強制的に占領された時期としています。

まず、植民地として支配したことを反省することが大切でしょう。（略）強制的な動員は人道に反する不法行為でした。

強制連行は虚構や捏造ではありません。強制連行がなかったという宣伝じたいがプロパガンダであり、虚構や捏造です。

歴史学研究では、戦時に植民地・占領地から民衆の強制的動員がなされたことは歴史的事実として認知されています。歴史教科書にもそのような認識が反映され、植民地・占領地からの強制的な動員がなされたことが記されています。朝鮮人の強制連行はそのひとつなのです〉(同ネットワーク『朝鮮人強制連行Q＆A』)

実は、和田春樹・東大名誉教授や作家の大江健三郎氏ら日本国内の反日知識人らが、日本の朝鮮統治を不法・不当なものと位置づけ、日韓関係の基礎を崩そうとする運動を一九八〇年代からしつこく続けてきた。

二〇一八年十月と十一月の韓国最高裁の不当判決がまさにその主張を取り入れて論理を構成している。論理の土台も日本が提供したといえるのだ。

不当判決の論理の土台には日本の統治が当初から不法だったという奇怪な観念がある(以下「日本統治不法論」と呼ぶ)。当時、朝鮮は大日本帝国領であり朝鮮人は日本国籍者だった。だから、彼らを日本国が戦争遂行のために軍需産業で賃労働させることは合法的な活動であり、それ自体が慰謝料を請求されるような不法活動ではない。ところが、「日本統治不法論」により、待遇も悪くなかった賃労働が「反人道的な不法行為」に化けてしまったのである。

その論理も日本の学者運動家が提供している。一九八四年の全斗煥大統領訪日のときに日本の朝鮮統治を不法とする国会決議を求める運動が歴史学者の和田春樹氏や作家、大江健三郎氏らによって始まり、それが後の村山談話につながった。運動のピークは二〇一〇年の菅直人談話だった。第三章でも触れるが、そのとき、和田氏らは日韓知識人一千人が署名する声明を公表して、菅談話に統治不法論を盛り込ませようと画策した。

菅談話にはそれが入らなかったが、その二年後、二〇一二年五月、韓国最高裁が下級審ではまったく触れられなかったその論理を突然持ち出して、日本企業勝訴の高裁判決を逆転して慰謝料請求権は残っているとして高裁に差し戻す逆転判決を下した。これが今回の不当判決に引き継がれた。

繰り返し強調しておくが、反日日本人らは一九六五年の日韓基本条約体制を根本からくつがえそうとして一九八〇年代から活動し、ついにその主張を韓国の最高裁判決に書き込ませることに成功したといえるのだ。

その結果、戦時労働者問題が「人権問題」に化けてしまった。そうなれば、国際社会で「日本はナチスの収容所での奴隷労働と同じような奴隷労働を多くの韓国人男女に強要しながら、被害者の意向を無視して韓国保守政権に幾ばくかのカネを支払って、責任逃れをしている」とする誹謗中傷が広がってしまう恐れがある。

外務省は世界に向けて判決の不当性を広報するという。しかし、その内容が一九六五年の日韓請求権協定など日韓の戦後処理に限定されるなら、広報は失敗する危険がある。なぜなら、裁判を企画、支援してきた日韓の反日運動家、学者、弁護士らは「日本が戦時に朝鮮人労働者を強制連行して奴隷労働させた」「ナチスの強制収容所と同種の人道に対する罪を犯した」という事実無根の誹謗中傷を繰り返してきたからだ。

公娼制度下で貧困の結果、兵士を相手する売春業に従事した女性たちを「性奴隷」だとして日本の名誉を傷つけた人たちが、総体的に好待遇の賃労働に就いていた朝鮮人労働者を「奴隷労働者」として宣伝しようとしているのである。先述の通り、すでに二〇一八年十月三十日付の『ニューヨーク・タイムズ』が韓国人の原告は「slave laborers（奴隷労働者）」だったと書いている。

韓国は盧武鉉政権下で対日歴史戦争を宣言し、巨額の資金を投じて財団を作り、統治時代の調査研究を蓄積している。今では国立博物館まで建設し、動員被害を内外に広報している。

二〇〇五年から始まった反日歴史外交戦

彼らの反日キャンペーンに対抗する国際広報では、一九三九年から一九四五年にかけての朝鮮人労働者の戦時動員全体像を正しくアピールする必要がある。もっと言うと、日本の統治時代に朝鮮でどの様な社会変化が起きたのかについても、事実を正しく研究し、日本の国益と日韓基本条約体制を守る立場から、しっかりした国際広報が必要なのだ。

第一章で書いた通り、そもそも、韓国政府が対日歴史戦を公式に宣言したのが二〇〇五年だった。盧武鉉政府が同年三月「新韓日ドクトリン」を発表し、「最近の日本の一隅で起きている独島（竹島）や歴史についての一連の動きを、過去の植民地侵略を正当化しようとする意識が内在した重い問題と見て、断固として対処する」「我々の大義と正当性を国際社会に堂々と示すためあらゆる努力を払い、その過程で日本の態度変化を促す」と歴史認識と領土問題での日本を糾弾する外交を行うことを宣言し、大統領談話で「侵略と支配の歴史を正当化し、再び覇権主義を貫こうとする（日本）の意図をこれ以上放置できない」「外交戦争も辞さない」「この戦いは一日二日で終わる戦いではありません。持久戦です。どんなに困難であっても甘受するという悲壮な覚悟で臨み、しかし体力消耗は最大限減らす知恵と余裕をもって、粘り強くやり抜かねばなりません」などと述べて、多額の国費を投じて東北アジア歴史財団を作る一方、全世界で日本非難の外交戦争を展開し、それが現在まで続いているのだ。

日本は同年に戦後六十年の小泉談話を出して「侵略と植民地支配」を謝罪したが、日本の国益の立場から戦前の歴史的事実を研究し国際広報する体制を作るという問題意識を持たなかった。その上、日本国内では前記したように反日運動家らが韓国政府の反日歴史外交に全面的に協力する研究と広報体制を作り上げていった。

私は同じ二〇〇五年、強い危機意識をもって『日韓「歴史問題」の真実　「朝鮮人強制連行」「慰安婦問題」を捏造したのは誰か』（ＰＨＰ研究所）という本を書いた。しかし、ほとんど世の関心を集めることはなく同書は絶版となっている。

ここでその主要部分を紹介して、事実に基づく国際広報の一助としたい。

労働者の戦時動員について私はまず、統計資料を使ってマクロ的に分析し、その次に、戦後補償問題が台頭する前に書かれた前出の徴用労働者の手記などを使って、当時の徴用工の生活実態をミクロから明らかにした。

最初に統計分析について紹介する。実は、この分野では森田芳夫先生という大家がいらっしゃる。戦前、京城帝国大学を卒業された森田先生は、日本人の朝鮮からの引き揚げについて膨大な資料を集めて書かれた『朝鮮終戦の記録――米ソ両軍の進駐と日本人の引揚』や、『数字が語る在日韓国・朝鮮人の歴史』の著者として学界では有名だ。戦後、外務省と法務省に勤務して、戦前と戦後の在日韓国・朝鮮人について詳細な調査をされた。当時の日本政府は、韓国との国交交渉に備えて事実関係を日本の立場から調査しておくという姿勢があった。拙著のマクロ分析は主として森田先生が研究された統計を私なりに整理分析したものだった。

まず、一九三九年国家総動員法にもとづき「朝鮮人内地移送計画」が作られた。それにもとづき、約七十万人の朝鮮人労働者が朝鮮から日本内地（樺太と南洋を含む）に移送された。

ただし、そのうち契約が終了して帰還したり、契約途中で他の職場に移った者が多く、終戦時に動員現場にいたのは三十二万人だった。

それに加えて終戦時に軍人・軍属として約十一万人が内地にいた。これらが朝鮮人の戦時動員だ。

動員が始まる前年一九三八年にすでに八十万人の朝鮮人が内地にいた。動員が終わった一九四五年には二百万人が内地にいた。つまり、国家総動員法が施行された一九三九年から一九四五年の間に内地の朝鮮人は百二十万人増加した。しかし、そのうち同法に基づく戦時動員労働者は三十二万人、軍人・軍属を加えても四十三万人だけだった。

つまり動員された者は動員期間増加分の三分の一にしか過ぎなかった。その約二倍、八十万人近くは戦時動員期間中も続いた出稼ぎ渡航だった。

終戦時内地にいた朝鮮人二百万人のうち八〇%、百六十万人は自分の意志により内地で暮らす者たちだった。

ちなみに、併合前の一九〇九年末の日本内地の朝鮮人人口はわずか七百九十人程度だった。しかし、日本統治時代三十五年間の結果、戦時動員された四十万人の四倍にあたる百六十万人が自分の意志により内地で暮らしていた。

戦時動員が始まる前から、朝鮮から内地へ巨大な人の流れがあったのだ。この大部分は出稼ぎ渡航だった。そしてその流れは戦時動員期にも増え続けた。結論から先に書くと、国家総動員法にもとづく朝鮮における戦時動員は、この巨大な朝鮮から内地への出稼ぎ渡航の流れを、戦争に不可欠な産業に優先的に配置しようとする試みだった。しかし、それはほぼ失敗した。

不正渡航者を〝強制送還〟

まず、出稼ぎ渡航の背景を見ておく。

第一に、統治時代に朝鮮の人口が急増したことだ。一九一〇年に一千三百万だったのが、一九四五年には二倍以上、二千九百万人になった。朝鮮の二千五百万人の他、内地に二百万人、満洲・華北に二百万人、ソ連に十万人がいた。

第二に、当時の内地に多数の出稼ぎ渡航を受け入れる労働力需要があったことだ。

戦時動員期間には日本人男性が徴兵で払底《ふってい》していたことから、内地の肉体労働の賃金が高騰していた。

日本語が未熟で低学歴の朝鮮農民が多数日本に渡航したことにより、日本社会と摩擦を起こした。また、不景気になると日本人労働者の職を奪ったり、低賃金を固定化するという弊害もあった。そのため、戦時動員期以前は、朝鮮から内地への渡航は総督府によって厳しく制限されていた。渡航証明書なしでは内地にわたれなかった。

総督府の統計によると、一九三三年から一九三七年の五年間、百八万七千五百人から渡航出願が出され（再出願含む）、その六〇％にあたる六十五万人が不許可とされた。許可率は半分以下の四〇％だった。

当然、不正渡航者も多かった。内地では不正渡航者を取り締まり、朝鮮に送還する措置を取っていた。これこそが〝強制連行〟だ。一九三〇年から一九四二年まで十三年間に内地で発見され朝鮮に強制送還された不正渡航者は合計三万三千人にのぼる。

特に注目したいのは、戦時動員の始まった一九三九年から一九四二年までの四年間で送還者が一万九千人、全体の五七％だったことだ。むしろ動員期間に入り不正渡航者の送還が急増したのである。驚くべきことに、戦時動員開始後、動員対象者になりすまして「不正渡航」する者がかなりいた。戦時動員期に内地での労働力不足が深刻化し、賃金が高騰していたからこそ、一旗揚げようと考える出稼ぎ渡航希望者が急増したのだ。

戦時動員は大きく二つの時期に分けられる。

一九三八年国家総動員法が公布され、内地では一九三九年から国民徴用令による動員が始まったが、朝鮮では徴用令は発動されず、一九三九年九月から一九四二年一月までは「募集」形式で動員が行われた。

戦争遂行に必要な石炭、鉱山などの事業主が厚生省の認可と朝鮮総督府の許可を得て、総督府の指定する地域で労働者を募集した。募集された労働者は、雇用主またはその代理者に引率されて集団的に渡航就労した。それによって、労働者は個別に渡航証明を取ることや、出発港で個別に渡航証明の検査を受けることがなくなり、個別渡航の困難さが大幅に解消した。一種の集団就職だった。

この募集の期間である一九三九年から一九四一年までに、内地の朝鮮人人口は六十七万人増加した。そのうち、自然増（出生数マイナス死亡数）は八万人だから、朝鮮からの移住による増加分（移住数マイナス帰国数）は五十九万人だ。そのうち、募集による移住数は十五万人（厚生省統計）だ。

送り出し側の総督府の統計ではこの時期の募集による渡航数は十七万人とされているので、受け入れ側の厚生省統計十五万人との差が二万人もある。そのかなりの部分は、不正渡航の手段として募集に加わり、内地到着後に逃げた者たちと思われる。

残り四十四万人が動員計画の外で個別に内地に渡航したことになる。つまり、動員数の三倍の労働者が職を求めて個別に内地に渡航したのだ。正確に言うと朝鮮への帰還者もかなりの数いたので、個別に渡航した者はもっと多い。内務省統計から計算すると、この時期に九十万人が個別に渡航している。その中には正規の渡航証明を持たない不正渡航者も多数含まれていた。計画の外で勝手に日本に渡航した労働者が、動員計画で渡航した者の三倍もいたのだから、秩序ある労働者の渡航を目指した動員はほぼ失敗したと言えよう。

一方、この期間の動員計画数は二十五万人で実際には十五万人の渡航者だから達成率は六〇%、計画達成にはあと十万人必要だった。個別渡航によって在日人口は動員計画よりはるかに多い四十四万人も増えたが、募集による動員は計画より十万人も未達成だった。このミスマッチングからも動員計画の失敗が分かる。その理由は、多くの朝鮮人労働者の大部分は農民出身であり、規律が厳格で地下での作業となる炭鉱や鉱山を嫌ったのだ。後述の通り、当時、内地には朝鮮人の親方が仕切る日雇いの建設現場が多数あったから、内地にわたりさえすれば仕事はすぐみつかった。そちらも収入がよかったのだ。

動員の後期にあたる一九四二年から終戦までは、動員計画の外での個別渡航はほぼ姿を消した（正確に言うと約七万人の個別渡航はあったが、それに自然増を加えただけの帰還があったので、内地人口増加と動員数がほぼ同じだった）。戦時動員以外の職場に巨大な労働力が勝手に流れ込む状況を変えて、軍需産業に秩序だって動員しようと一九四二年二月から、総督府の行政機関が前面に出る「官斡旋」が開始されたからだ。

炭鉱や鉱山に加えて土建業、軍需工場などの事業主が総督府に必要な人員を申請し、総督府が「道（日本の都道府県に相当）」に、「道」はその下の行政単位である「郡」「面」に割り当てを決めて動員を行った。一部ではかなり乱暴なやり方もあったようだが、その乱暴さとは、基本的には渡航したくない者を無理に連れてくるというケースよりは、個別渡航などで自分の行きたい職場を目指そうとしていた出稼ぎ労働者を、本人が行きたくなかった炭鉱などに送り込んだというケースが多かったのではないかと私は推測している。

その結果、一九四二年から一九四五年終戦までを見ると、動員計画達成率は八〇%まで上がった。また、同時期の内地朝鮮人人口の増加は五十三万七千人だったが、戦時動員数(厚生省統計)はその九八%におよぶ五十二万人だった。この間の自然増の統計は不明だが、これまでの実績からすると年間三万人以上にはなっていたはずだ。この時期の個別渡航七万と自然増三万を合わせた十万人くらいが戦火を避けて朝鮮に帰ったのだと考えられる。

この数字だけ見るとこの時期は計画動員が成功したかのように見える。たしかに動員における統制がかなり厳しく機能していた。しかし、実は計画通りには進んでいなかった。動員計画の外で、勝手に渡航する者は少なくなったが、官斡旋で就労した者の多くが契約期間中に逃走していたからだ。一九四五年三月基準で動員労働者のうち逃亡者が三七%、二十二万人にものぼっている。

この事実をもって、反日学者らは、労働現場が余りにも過酷だったからだと説明してきた。しかし、当時の史料を読み込むと、逃亡した労働者は朝鮮には帰らず、朝鮮人の親方の下で工事現場等の日雇い労働者になっていたことがわかる。なんとそのような逃亡労働者を「自由労務者」と呼んでいた。また、二年間の契約が終了した労働者の多くが帰国もせず、動員現場での再契約をも拒否してそのまま日本内地に居座り「自由労務者」となっていたのだ。

官斡旋では逃亡を防ぐため、集められた労働者を五十人から二百人の隊に編制し、隊長その他の幹部を労働者の中から選び、団体で内地に渡航した。隊編制は炭鉱などに就労してからも維持され、各種の訓練も行われた。

しかし、実情は、人気が低かった炭鉱の場合、内地に着いたらすぐに隙を見て逃亡しようと考えている者が六〇％もいたという調査結果さえ残っている（『炭鉱における半島人の労務者』労働科学研究所、一九四三年）。

一九四四年九月、戦局が悪化し空襲の危険がある内地への渡航希望者が減るなか、朝鮮では軍属に限り、一九四一年から適用されていた徴用令が全面的に発令された。また、すでに内地に渡航し動員現場にいた労働者らにもその場で徴用令がかけられ、逃亡を防ごうとした。しかし、先述の通り、終戦の際、動員現場にいた者は動員数の約半分以下の三十二万人(厚生省統計)だった。法的強制力を持つ徴用令も内地に着いてからの逃亡防止には効果を上げられなかったのだ。

つまり、官斡旋と徴用によるかなり強制力のある動員が実施されたこの時期でさえ、渡航後四割が逃亡したため、出稼ぎ労働者を炭鉱などに送り込もうとした動員計画はうまく進まなかった。

以上の内容を簡潔にまとめるとこうなる。

一.国家総動員法にもとづき立てられた「朝鮮人内地移送計画」は、ほうっておいても巨大な人の流れが朝鮮から内地に向かうという状況の中、戦争遂行に必要な産業に朝鮮人労働力を効率よく移送しようとする政策だった。

二.しかし、その前期、一九三九年から四一年までの募集の時期は、動員者が十五万、動員計画外の個別渡航者らによる在日朝鮮人人口増は約三倍の四十四万人で、計画はほぼ失敗した。

三.後期、四二年から四五年までの官斡旋と徴用の時期は、在日人口増五十四万のうち動員は九八%、五十二万になった。しかし、動員者の約四割が動員現場から逃亡して自由労務者になって、動員計画の外の職場で働いていたので、やはり計画は順調には進まなかった。

四．平和な農村からいやがる青年を無理やり連れて行って、奴隷のように酷使したという「強制連行」のイメージは一九七〇年代以降、まず日本で作られ、それが韓国にも広がったもので、以上のように実態とは大きくかけ離れていた。

食住生活はかなり好待遇だった

次に、動員された人たちの実際の生活について述べよう。手元に二つの徴用工の手記がある。一つ目は、前述した一九四四年十二月広島市の東洋工業に徴用された鄭忠海氏が、当時つけていた日記をもとに一九七〇年に私家版としてまとめたものだ。これが一九九〇年、井上春子氏の訳で『朝鮮人徴用工の手記』（河合出版）として日本で出版された。

もう一つは一九四五年三月、大阪府南河内郡長野町（現在の河内長野市）の吉年可鱗鋳鉄工場に徴用された金山正捐氏（日本名）が、同年七月に逃亡し東京の飯場で「自由労務者」として働き、九月に再び長野町に戻り警察の取り調べを受け、そこで書いた手記だ。それは四五年九月十八日付けで長野町警察署長から大阪府警察局長・治安部長・特高第二課長宛に出された「逃亡セル集団移入半島徴用工員ノ諸行動ニ関スル件」と題する公文書の中にあり、朴慶植編『在日朝鮮人関係資料集成第五巻』(三一書房、一九七六年)に収録されている。

まず、鄭忠海氏の手記から徴用者の生活を見よう。住居は新築の寄宿舎、新品の寝具が備えられていた。

〈海岸に新しい木造二階建ての建物があった。そこがこれから我々が寝起きする寄宿舎で、朝鮮応徴士たちを迎えるために新しく建てられた第二寄宿舎だという。新しい建物なので少し安心する。

割り当てられた部屋に入った我々は、先ず旅装を解いた。私は二階の部屋であった。室内を見回すと〃たたみ(畳)〃二十枚を敷いた広い部屋に、新しく作った絹のような清潔な寝具が十人分、きちんと整頓されてあり、片方には布団と私物を入れるのだろう、押し入れが上下二段になっている〉

食生活もかなり好待遇だった。

〈明るい食堂には、大きい食卓が並んでいた。新しく作られたものらしい。食堂のホールの前の厨房では年ごろの娘さんたちが、白いエプロンをつけて食事の準備に忙しそうだ。

食卓の前に座っていると、やがて各自の前に食事が配られた。飯とおかずの二つの器だ。飯とおかずは思いのほか十分で、口に合うものだった。（略）

飯は大豆が混ざった米の飯で、おかずは筍と肉の煮物で、口に合っていて食べられた（あとで分かったことだが、肉は馬の肉だという）。戦時中日本では、馬の肉を喜んで食べたという。食事の分量も私には適当だった〉

鄭氏たちは月給百四十円という高給であり、食堂の食事以外にかなりの食糧を近隣から入手し大変豊かな食生活を送っていた。

〈みんなが集まって生活をしてみると、いろいろな人がいる。ある人は〝みかん〟や〝ネーブル〟を、またある人は〝なまこ〟や〝あわび〟など、さらに酒まで求めて来て夕食後に宴会を開く。（略）

ソウルではみかんのようなものは、わずかな配給のほかには求めることさえできない。そんな貴重なみかんが、ここではみかん畠に行けばいくらでも買うことができる。下痢をするほど思い切り食べてみたいものだと言い合った。それに［寄宿舎のあった］向洋と川一つ隔てた淵崎は、漁村で牡蠣の名産地だという。（略）時々食堂で出してくれる牡蠣が入った飯（牡蠣飯）は本当に珍味だった。

干潮になると、食堂の後ろの浜辺ではなまこや浅蜊《あさり》（貝）をたくさんとることができた。人手が足りなくて取らないのか、なまこや貝がそこらじゅうに散らばっている。日課後にそんなものを採るのも面白かったが、それを煮たり焼いたりして酒盛りをするのは格別だった〉

また、賭けごとも盛んだった。

〈多くの人が集まるところでかかせないのが、賭けごとだ、こちらの隅、あちらの隅で、花札や六百やソッタがやられる。一カ月、二カ月にあたる給料を、みんなすったとこぼす者も少なくなかった〉

工場での勤務も厳しいノルマなどなく女子挺身隊として動員された日本人女工さんらと楽しく過ごしていた。鄭氏は九九式小銃の部品を作る工場に配属された。

〈一月十五日、（略）工場に入ると先に出勤している女工たちが、走ってきて挨拶をする。たいへん親切に接してくれるのだった。中でも私を教えてくれる技工格の村上さんは、気持ちよく接してくれた。仕方なく工場に出勤して来たのだが、それほど気分は悪くなかった。（略）

付属品を削って、ゲージに合わせてみると、十中八、九は不合格品だ。しかし、村上さんは一生懸命教えてくれる。彼女の顔にはいつも微笑がたえない。（略）

二週間が過ぎると、工場生活に多少慣れて能率もあがり、面白くなってきた。さらに我々は女工の間で作業するので、退屈することはなかった〉

〈四月二十日、（略）工場で働く男たちは武器生産には心がなく、女性たちとの恋だ愛だということにばかり心をうばわれているようで、工場内の風紀は言葉にならないほどだった。どの工場だったか、プレスを操作していた白某という者が、作業中女性とおしゃべりをしていて、自分の親指をばっさり切り落としたことがあった〉

鄭氏は第二寄宿舎の職員である日本人戦争未亡人から熱烈に慕われ愛人関係になる。二十代前半の岡田さんである。

〈彼女の家は寄宿舎の前の社宅であった。家の中には誰もいなかった。（略）「遅くなったけれどもお上がりください」と私を居間に案内した。上がると彼女は風呂を勧める。面倒だとは思ったが入浴していると、彼女が来て背中を流してくれた。これが日本式らしい。風呂から上がると、日本の浴衣に着替えろとすすめる。居間には、いつのまにか食事の用意ができていた。（略）

夏の夜は短い。明け方五時になった。彼女は私を起こして「早く寄宿舎にお帰りなさい」とせかす。宿舎に帰ると、小隊長たちが広い部屋で寝入っていた。戸を開ける音で目を覚ました第三小隊長の柳光勲が目をあけて、「何処へ行ってきたのか」、「今帰ってきたのか」と聞く。私は曖昧な返事をして布団にもぐりこんだ。彼はそれ以上咎めなかった。起床時間にはまだ時間があり、私は布団に入るやいなや直ぐに眠ってしまった〉

徴用された労働者が夜、自由に寄宿舎を抜け出し逢い引きすることができた。その気になればいつでも逃亡して「自由労務者」になれたということだ。工場側が当時としては破格の待遇をしたのは、そうしないと徴用工でもより条件の良いところに引き抜かれてしまうという現実があったからだろう。

その後、鄭氏は岡田さんの働きかけのお陰で、工場から事務所に勤務場所が変わった。そのため、原爆投下の日、市内での勤労動員に出ず、命拾いをした。

飯場での作業もきつくなかった

次に、実際に徴用された大阪府の工場から逃亡して東京まで行って朝鮮人親方の下で日雇いの「自由労務者」になった金山正捐氏の手記を見よう。

逃亡の動機は同じ徴用工である隊長との殴り合いのケンカだった。

〈私は朝鮮でも可成の裕福な家庭に生立ちましたので最初の内は逃出すといふ気持ちは毫もありませんでしたが、漸次故郷懐かしく加之毎日集団の隊長神農大律と口論し果ては喧嘩の末殴り合も五六回に及び、それに隊長の方には良かれ悪かれ会社の幹部も応援するので居堪らなくなり（略）私と崔安石とが逃げることに決心して申合せて、二人で［一九四五年］七月二十八日昼飯後寮を脱けて大鉄長野駅より阿倍野橋に出た処空襲に逢ひ城東線京橋で下車し京阪電車で夕方京都に着きました。

私は所持金が二百五十円程ありましたので宿屋に泊り食事なしで部屋代十二円を支払ひました〉（原文カタカナをひらがなに直す。以下同）

一九四五年三月、大阪府南河内郡長野町の吉年可鏻鋳鉄工場は、金山氏を含む四十一人の朝鮮人徴用工を受け入れているが、八月十五日までの五カ月で三七％にあたる十五人が逃走している。先に統計から見たようにこの時期の逃走率平均が三七％だから、まさに平均的な数字だったが、その気になればいつでも逃げられたのだ。

同工場での金山氏の月給がいくらかは手記には触れられていないが、約五カ月働いた後の逃走時に二百五十円の現金を持っていたのだから、鄭氏の月給百四十円と遜色がない額をもらっていたと推定できる。

京都駅で東京への切符を買う時に多少てこずった。鉄道員に証明書の提示を求められたが、頼み込んで七十円の闇切符を二枚買うことができ、七月二十九日に京都駅を出発し、名古屋から中央線経由で三十一日午後二時に立川駅で下車した。立川で下車したのはあらかじめそのあたりに朝鮮人の親方が仕切る飯場があることを聞いていたのかもしれない。駅を下りて直ぐ朝鮮人に会って飯場を紹介してもらった。

〈改札口を出ると一人の朝鮮人に逢ったので此辺に飯場はないかと尋ねると其人

は全南海南郡の生れで金海という人で（略）西多摩郡の小河内村の飯場へ行けと教えてくれた。
其飯場へ行くと親方は慶南生れの新井といふ人であつたが、この人には、私達は罹災者で空襲を逃げて来ました宜敷頼むと云つた処心から引受けてくれたのみでなく、直ぐに夕食を戴いた。（略）
飯を食うと煙草「光」五個宛呉れたが、その飯場は皆で八名で翌八月一日は疲れていたので飯場を休んでいる処へ昼頃、新井の親方が濁酒をもつて来て呉れて幾何でも飲めと云つて呉れましたので有難くてたまらず飲みました〉
すぐに飯場が見つかり日給十五円で雇われる。夕食、煙草、酒の接待まで受けたことから、いかに労働者が不足していたかはよく分かる。
飯場での作業もきつくなかった。
〈八月二日現場へ出かけた処其途中で現場の一人がお前たち二人はこつちへ来いといふて山の奥へと連れて行かれた、そこに大きな横穴が掘つてあり、その近くに板が沢山あつたので、それを下迄運搬せよと云われ十一時頃迄に運び終つて、川へ行つて水浴して帰つて午後は遊びましたが、これだけの仕事をして一日十五円の給料を貰ひました。

八月三日飯場より一里位離れた現場へ又行つたが大きなトンネルがあつて陸軍の歩哨が立つて居た、そんなトンネルを四つ潜つた処に同じくトンネルの中で飛行機を製作して居り、其処でも運搬を少し手伝つて十五円になりました〉

朝から昼の十一時までの半日仕事で十五円もらえた。翌四日はまた、仕事を休み、東京見物に出かける。自由なものだ。そして横浜から府中近くに行き、高幡山で別の朝鮮人親方の飯場を見つけるとそちらに移ってしまう。仕事は防空壕堀りだった。日給二十円に待遇が上がる。

〈この飯場は半島人労働者が三百人位しかいませんでしたが幽霊人口千五百人位を慥《ママ》らえておりそれで配給も大変豊かで腹一杯食わして呉れましたが食事は豆計りで米は殆どありませんでした、それは配給の米を皆横流しにして金を儲けている訳で其処の半島炊事係は二カ月で十万円も儲けるとの事を聞き驚きました。

　この外に五日に一回位平均で牛を密殺しますがこの牛は一頭二千五百円で買ってその肉を飯場の者に売りつけ金のないものは食べないがよい給料を貰っているので金はあり闇でどんどん買うので一頭でうんと儲けるとの事で皮だけでも一千円で売れるとのことでした〉

一九四五年八月終戦の直前に、前の飯場には濁り酒があり、別の飯場では五日に一回牛を密殺して食べていた。

文字通り命がけで総力戦を戦っていた日本人に比べて、いくら内鮮一体化を強調しても、多くの朝鮮人にとってあの戦争はしょせん他人事だったのだろう。だからこそ、戦時動員計画はうまくいかなかったのだ。

　ここで引用した二つの手記は一九八〇年代末頃から日本人によって火をつけられ始まった戦後補償を求める運動が韓国で本格化するずっと以前に書かれたものであるという点で、史料的価値が高い。

ともあれ、当時を知る世代から事実を聞く作業はここ数年で完全にできなくなるだろう。まず、事実関係をきちんと研究整理し外交戦に備えなければ、今後も負け戦が続く。一九五〇年代に森田芳夫先生が政府内で取り組んだように、戦時動員の全体像をきちんと研究し、また基礎資料を収集する作業に政府と民間がそれぞれの立場で取り組むことが求められている。

二〇一七年八月にはソウルと仁川に「徴用工像」が設置された。日本大使館や総領事館前への設置計画も報じられている。二〇一八年五月釜山総領事館前の慰安婦像の隣に徴用工像が設置されようとした。過激な左派系の労働組合である民労総などがそれを推進したが、文在寅政権は多数の警察を出して現場で阻止した。しかし、民労組などは徴用工像設置を諦めていないから、今後どうなるかはわからない。

そして、第一章などで詳述したように、二〇一八年になって、相次いで韓国の裁判所は不当な判決を出し続けている。

この問題、腰をすえて取り組まないと、取り返しの付かない外交敗北が今後も続くだろう。強く警告したい。

第三章

「軍艦島・徴用工」を第二の「慰安婦」に捏造させるな

これまでの章で見てきたように、韓国は国際社会に向けて、日本の「非道」を手を替え品を替えて訴えてきた。そのすべてが「ウソ」だった。「軍艦島」をあたかも「アウシュビッツ」の如くに、そこで働いた「朝鮮人戦時労働者」や「公娼制度下で性を売った女性ら」を「徴用工」「奴隷労働者」や「性奴隷」とみなすための国際世論工作を実施してきた。

本章では、その世論工作が、数年前からどのように行なわれてきたかを見ていきたい。そして、それが事実に基づかず、如何に歪曲され、捏造されたものだったかを検証していきたい。

つまらないが恐ろしい映画

韓国で反日映画『軍艦島』が二〇一七年夏上映された。この映画は約二百三十億ウォン(二十三億円)という巨額の制作費をかけて大々的に宣伝されて公開され、初日の七月二十六日には九十七万五百十六名という史上最高の動員を記録した。また、八月四日からは米国とカナダの四十余カ所で上映が始まった。マレーシアやシンガポールなど東南アジアでも近く公開される。一体、どのような映画なのか確かめるため、同年七月二十八日、ソウルに飛んだ。ソウル市内の複数の映画館で四回、この映画を鑑賞した。その後、八月二十三日には米国、ニューヨークで一回見たから合計五回見たことになる。

一言で言うと、つまらないが恐ろしい映画だった。まず、ストーリーがつまらないので言われているほどのヒットはしないだろうと感じた。その私の印象は当たり、韓国でも二週目から観客が急減した。

実は初日約百万の観客を集めたのには理由があった。大規模な前宣伝の結果、韓国国内のすべての映画館のスクリーンを『軍艦島』がほぼ独占したからだ。労組などもまとめて前売り券を買って組合員にばらまいてもいたともいう。韓国も日本と同じく映画館の主流はシネマコンプレックス（同一の施設に複数のスクリーンがある映画館）であり、映画館数でなくスクリーン数が基準になる。全国で二千七百スクリーンがあるが、軍艦島はなんと二千二十七スクリーン（七五％）で上映された。一つのスクリーンで同じ日に複数の映画を上映することもある。その場合も軍艦島は観客が多い午後や夕方に上映された。つまり、少なくとも全国の映画館の全スクリーンの四分の三で軍艦島が一回以上、深夜などを除くゴールデンタイムに上映されたのだ。同日、全国で合計一万八千四百四十回映画が上映されているが、そのうち、軍艦島は一万百七十四回（五五％）を占めた。

ところが、スクリーン独占批判や史実歪曲《わいきょく》、中身がそれほど面白くないなどという評判がネットや口コミで広がり、二日目から観客が減りはじめ、三日目でやっと二百万（二日目以降の平均は初日の半分である五十万）、週末を挟んで一週間で約五百万人を突破したが、その後、二週目から激減し、十五日目である八月十日の観客数は八万八千四百七十九人と大幅に減り、他の映画におされて同日の観客数五位に転落した。監督らが豪語していた史上最高二千万動員はおろか、損益分岐点と言われる七百万にも届かなかったようだ。

また、八月二十三日には米国、ニューヨークのホテルフロントで上映館を探したが、すでにブロードウェイでの上映は観客が少なくて終わっており、ホテルからタクシーで三十分の韓国人多住地区まで行ってやっと上映館を見つけた。行ってみると、二百席くらいのうち、二十人くらいの在米韓国人が見に来ているだけだった。韓国以外の国での興行も失敗したようだ。

ただし、この映画がヒットしなかったからといって、軽く見てはならない。日本に多大な悪影響を及ぼす歴史的事実の捏造について深刻に受け止めて出来うる限りの対策を実行すべきだと考えている。

この映画の一番の恐ろしさは、戦時労働者と慰安婦に関してひどい歴史的事実の歪曲、捏造《ねつぞう》があったことだ。戦時労働者に対しては、船倉や貨車に積まれて移動、炭鉱についた直後の私有財産没収、殴られながらの坑道での重労働、粗末な食事とひどい住居などあたかもナチスのユダヤ人収容所での強制労働を思わせる描写が続く。

慰安婦についても、端島《はしま》に着いたところで軍人らが連絡船に乗り込んできて、戦時労働者に混じっていた女性らを全員、なぐりつけながら奴隷狩りのように連行し、遊《ゆう》郭《かく》で働かせる、小学生の少女も慰安婦にされるなどあり得ない描写が続く。

もう一つ、会社側幹部が、敗戦すれば朝鮮人を奴隷労働させていたことが戦争犯罪となって裁かれると恐れて、証拠隠滅のため朝鮮人鉱夫、慰安婦ら全員を炭鉱に閉じ込めて殺す計画を立てるという、もちろん端島炭鉱でも他の徴用現場でもまったく存在しなかったウソを、あたかも事実であるかのように描いている。

しかし、それを簡単に荒唐無稽と斥けられない理由がある。映画冒頭で次のような字幕が出る。

〈本映像は「対日抗争期強制動員被害者調査および強制動員被害者等支援委員会」資料と当時の実際の記事とインタビューなどを参考にした後、製作しました〉

ここで出てくる「委員会」とは盧武鉉政権時代の二〇〇四年に特別法にもとづき作られた国家機関だ。日本人学者や活動家が協力する中、十一年かけた大規模な「調査」を韓国政府が行ない、その結果として多数の報告書が刊行され、二〇一五年、その調査結果をもとにして釜山に「国立日帝強制動員歴史館」が設立されている。この歴史館の虚構性については、前述もしたが、九州大学教授の三輪宗弘氏が『歴史通』(二〇一七年四月春号)で「ユネスコも唖然?　韓国『日帝強制動員歴史館』の嘘八百」と題して詳細に論じている。

映画制作側は、この国立調査委員会が十一年間かけて実施した大規模な調査結果を土台にして作成したとして、日本からの批判に反論している。したがって、この映画の事実歪曲を本格的に批判するためには、韓国政府の調査の全体を把握し、それに反論しなければならない。その作業を日本の官民は怠ってきた。急がれるのは朝鮮人労働者を受け入れた日本側関係者の証言収集だ。

そして、私はこの映画の隠された主題にも恐ろしさを感じている。それは、一言で言って革命煽動だ。文在寅政権がやろうとしている「反日従北革命」を煽ることだったことだ。映画は、韓国の主流保守勢力を「親日派の末裔」として糾弾し、反共自由民主主義体制を弱体化して北朝鮮との連邦制統一を目指すという文在寅が狙う革命の煽動を隠された主題としていた。

映画の一番の敵役、悪役は日本人ではなく、日本人に協力する朝鮮人であり、その親日派を多くの朝鮮人鉱夫や慰安婦らが見る前で公開処刑する場面が、実は映画の隠されたクライマックスだった。独立後の韓国でそのような親日派処刑をしなかったから、革命が必要なのだというメッセージだ。

ありえない設定で「二兎を追って失敗した」

ここからは、映画について詳しく論じよう。

もう一つ見逃せない恐ろしさが、このような映画を製作・配給したのが、サムソングループから分離した大企業グループだったという点だ。『軍艦島』を製作・配給した会社は韓国の最大手のCJエンターテインメントだ。同社は国内最大手の映画館チェーンも持っている。その映画館チェーンが総動員されて上映したから、初日のスクリーン占有率が七五％という驚異の数字を記録できた。

同社が所属するCJグループはもともと、サムソングループの第一製糖、砂糖やうまみ調味料などを作る食品メーカーだった。一九九三年にサムソングループを離脱し、映画や音楽などエンターテインメント分野に進出し、社名をCJと変更し独自の企業グループを作った。サムソン創業者故の孫（長男の息子）がCJグループのオーナーだ。

同社が、二〇一五年『ベテラン』という映画で歴代四位の一千三百万人以上を動員した有名監督と、今一番人気のある韓流スター俳優らを使い、二百四十億ウォン、二十四億円という巨額の制作費を投じて作ったのが『軍艦島』だ。だから単純に過去の歴史を再現して日本や親日派を批判するという政治的目的だけで作られた映画ではない。興行的に成功することを目指して作られた娯楽映画だ。

戦時労働者、慰安婦問題を題材にして、反日そしてロウソク革命支持という政治メッセージを出しつつ、興行的に成功する娯楽性も追求しなければならない。そのため、多くのストーリーや要素を詰め込みすぎ、かえって見る側を混乱させる散漫でつまらない映画になってしまった。韓国でも「二兎を追って失敗した」という評価が出ている。

時代は昭和二十年、舞台は長崎県端島炭鉱だ。同炭鉱は外形が軍艦に似ているとして「軍艦島」という別名があった。主要主人公は九人いる。朝鮮人七人と日本人二人である。しかし、ポスターや予告編などでは常に朝鮮人五人だけが出てくる。これには理由がある。まず、五人を紹介する。

韓国人に一番訴える親子の情を前面に出すため五人のうち二人を京城のジャズ楽団のリーダーの父と同楽団の小学生歌手である父娘とした。リーダー李カンオク役には歴代映画二位の観客記録を持つ「国際市場」で主演した、黄正民がキャストされた。日本でいえば渥美清か西田敏行のような国民的俳優だ。小学生の娘李ソヒ、有名子役金スアンが父と一緒に徴用され、慰安婦にされそうになるというストーリーはあまりにも事実と反する歴史捏造だ。

娯楽映画として成功するために、親子の情だけでは観客を引きつけられないからか、アクション場面と男女の恋愛をからませるため京城一の勢力を誇っている鍾路派（韓国では「組」と言わず「派」という）やくざの親分が、三人目の主要主人公となって子分らと同じ船で徴用される。人気俳優、蘇志燮が演じたやくざの親分崔チルソンは、朝鮮人労務係宋ジョングと風呂場で激しい喧嘩をし、最後には子分らとともに武装して鉱夫らの脱出を背後から援護する。日本統治時代の実在のやくざ組織、鍾路派をモデルとしていることが韓国人ならすぐわかる。というのも、実在の人物である鍾路派の金斗漢は過去に何回も映画やテレビドラマ化されヒットしているからだ。その人物像を借りて来たものだ。だが、やくざの親分が子分を引き連れて徴用されるという設定もあり得ない。

また、反日ものにはつきものの朝鮮人慰安婦を無理して「徴用工」（ここから、映画のストーリーを説明するときは、そこで使われていた「徴用工」という語をカッコをつけて使うことにする）と一緒に連行されてくる設定にして、彼女と親分のラブストーリーも加えた。ヒット曲を連発する歌手でもあるスター女優李貞賢が、慰安婦呉マルニョンを演じている。彼女は、最後に日本軍警備兵との銃撃戦でやくざらといっしょに警察署から奪った銃を撃ちまくり、撃ち殺される。死ぬ直前、二人は見つめ合って言葉を交わし、彼女が親分の腕に頭を置く形で並んで横たわった姿で息を引き取る。仲良く並んだ死体が何回か画面に大きく出るのだが、あたかも愛し合った二人があの世で一緒になることを誓っているかに見える。しかし、慰安婦が「徴用工」と一緒に動員されることはあり得ないし、慰安婦が訓練もせず銃を撃つことも不可能だ。

ポスターやチラシで中央に写っている映画の主人公は、独立運動組織「光復軍」から端島炭鉱に密命を帯びて派遣された工作員朴ムヨンだ。演じるのは二〇一六年に最高視聴率を取ったテレビドラマ『太陽の末裔』の主人公を演じて人気絶頂の韓流スター宋仲基だ。日本で言えば『永遠の0《ゼロ》』に主演したジャニーズの岡田准一のような存在だ。彼は学徒兵として日本軍の訓練を受け、脱走して中国西安にあった大韓民国臨時政府傘下の軍事組織「光復軍」の一員となり、米軍特殊部隊ＯＳＳに派遣されて工作員としての訓練を受けた——という設定になっていた。

確かに著名な言論人であった張俊河（故人）など、学徒兵から脱出して光復軍に入った実在の人物は複数いた。しかし、朴は一九四五年七月に、端島炭鉱で「徴用工」をしている独立運動家尹ハクチョルを脱出させるという密命を帯びて、「徴用工」に化けて端島炭鉱に潜入する。まず、この設定が荒唐《こうとう》無稽《むけい》だ。簡単に逃亡学徒兵が「徴用工」

に化けることはできないはずだ。その後、工作員朴と尹先生のからみが映画のメインストーリーとなる。

以上、ジャズ楽団の父娘、やくざの親分、慰安婦、独立運動組織の工作員の五人が主要主人公だ。これに対して、日本の側について朝鮮人を虐待、迫害した「親日派」として二人の主要人物が登場する。やくざの親分と喧嘩した朝鮮人労務係宋ジョング（日本名、松本）と、工作員朴を助けに来た尹ハクチョル（日本名、伊藤）先生だ。そして、端島炭鉱の日本人所長の島崎とその部下の山田の二人の日本人が悪役として登場する。この四人は「悪役」だからかポスターやチラシなどには一切出てこない。

「ユダヤ人収容所」を思わせる「徴用工」に対する捏造

それではこの映画がいかに歴史的事実、史実そのものを捏造しているのかを具体的に指摘しよう。大きく分けて三つの捏造があった。第一が「徴用工」に対する捏造だ。

映画では「徴用工」らは関釜連絡船で日本に向かう。彼らは船倉に押し込められ、騒ぐと日本軍人が放水と発砲で脅すという場面が出てくる。これはあり得ない。徴用された戦時労働者は、迎えにきた受け入れ先企業の日本人担当者に引率され、釜山から日本人と同じ船室で下関に渡った。

映画では、下関で窓のない貨車に強制的に閉じ込められて長崎まで移動する。これもウソだ。日本人引率者と列車に乗って移動した。

長崎から端島まで連絡船で移動し端島に着いた時、日本軍人らが船に上がってきて、棍棒で「徴用工」をめちゃくちゃに殴る場面があるが、これもウソだ。

さらには、端島に上陸直後、広場に集合させられた「徴用工」らは現金、指輪、懐中時計など金目のものをみな没収される。あたかもユダヤ人収容所を思わせる場面だが、そんな事実もなかった。

炭鉱での待遇もでたらめな描写が続く。映画では「徴用工」はさきに端島炭鉱で働いていた朝鮮人と同じところに収容された。これもあり得ない。端島炭鉱では戦時動員が始まる前から高賃金に引かれた朝鮮人鉱夫が働いており、その人々は日本人と同じ住居に住み、子供を日本人の学校に通わせていた。

実際に、「徴用工」は寄宿舎で集団生活をしたようだが、映画のような雑穀だけの粗末な食事、踏むと海水がにじみ出てくる畳が敷かれたひどい住居、銃を持つ警備兵が逃亡を監視しているなどいう虐待は事実とかけ離れている。

映画では朝鮮人鉱夫が担当する坑道と、日本人鉱夫が担当する坑道が完全に分離されていて、劣悪な条件の朝鮮人坑道で事故が起きた時、会社側は日本人坑道を守るため朝鮮人坑道の出口を爆破して中にいる朝鮮人鉱夫を生き埋めにしようとしたとなっている。ウソだ。

炭鉱内では日本人と朝鮮人が混じって作業をしていたし、事故があったら日本人でも朝鮮人でも必死で助けようとしたのが実態だ。そもそも人手不足でやっと確保した朝鮮人鉱夫は会社にとって貴重な存在で、見殺しにするなどあり得ない。

前章でも紹介した『朝鮮人徴用工の手記』(鄭忠海著、井上春子訳 河合出版)という本がある。映画と同じ時期、昭和十九年十二月に京城から広島の兵器工場に徴用された鄭忠海氏が一九七〇年に自家版として書いた手記を一九九〇年に邦訳したものだ。前述したように、鄭氏が手記を書く頃は、戦後補償を求める運動などは存在しなかった。「自分の青春の痛烈な記録を残したい」という純粋な動機で書かれた手記からは、徴用の実態がよく分かる。

「性奴隷」として描く「慰安婦」に関する捏造

次に、慰安婦に関する捏造を指摘しておきたい。端島には日本人と朝鮮人の娼妓《しょうぎ》がいる遊郭が存在した。これは事実だ。しかし、前述の通り、「徴用工」と慰安婦が一緒に連行されていくことはあり得ない。国家総動員法に基づく動員である「徴用」と、民間業者による慰安婦募集はまったく次元が異なる。

朝鮮でも日本統治時代に公娼制度が導入された。朝鮮総督府は、貧困の結果、売春をせざるを得ない境遇の女子らを業者の搾《さく》取《しゅ》から保護し、性病の蔓延を防ぐため厳しい規則（貸座敷娼妓取り締まり規則、一九一六年）を定めていた。娼妓は定められた遊郭でしか営業ができなかった。そこで警察が厳しい管理統制を行った。

まず、十七歳以上の女子しか営業は許可されなかった。そして、娼妓として営業をする者は、本籍、住所、氏名、妓名、生年月日、及び営業場所を記載し貸座敷営業者が連署した願書に、次の書類を添付して自分で出頭し警察署長に提出し許可を得なければならなかった。

一．父、母、戸主の承諾書
二．承諾者の印鑑証明書
三．戸籍謄本
四．娼妓営業及び前貸し金に関する契約書
五．娼妓業をする事由書
六．指定医師の健康診断書

この公娼制度を戦地で軍の統制下で運営したのが慰安婦制度だった。端島の遊郭で働く朝鮮人娼妓らにも同等の規則が適用された。だから、小学生が慰安婦になるなど許しがたい歴史捏造だ。

警察や軍は許可を求めてきた女子と面談し、自分の意思で娼妓、慰安婦となるのかどうかを確認している。そこで「だまされた」と話せば、許可は下りない。たとえば、中国湖北省武昌の慰安所で昭和十九年十月、一人の朝鮮人女子が「慰安婦とは知らなかった」と就業を拒否したので、軍は業者に彼女の就業を禁じている（元漢口兵站司令部・軍医大尉、長沢健一『漢口慰安所』図書出版社）。

また、映画ではやくざの親分が遊郭に上がって朝鮮人慰安婦と話を交わす場面がある。そこで彼女は自分の全身に入れ墨が入っていることを見せながら、端島に来る前に中国の慰安所でこのような目に遭ったと告白する。

崔チルソン（やくざ）　ただ座っていろ。座っていろ。恋愛［セックスのこと。西岡補以下同］するつもりない。

呉マルニョン（慰安婦）　胸に入れ墨が入っているのを見てやる気がなくなったからだろう。

崔　お前も朝鮮人と話でもすれば少しは心が安まるだろうからだ。……

呉　最初は中国に連れて行かれた。どこに行くのかも分からず、金を稼げるといわれてトラックに乗せられて行ったら日本軍部隊だった。……平壌から連れてこられた女一人は言うことを聞かないと、日本の奴らが釘の板の上にのせて、こっちからあっちまで何回も回転させて、人たちが見ている前で殺された。そんな目に遭うかもしれないと、病気だということも言えないで、死んだ方がましだと……［聞き取れない］を飲んだんだが、日本の医者が生き返らせた。生き返ったらある朝鮮人の野郎が冷たい水をかけて目を覚まさせて、日本の奴らが見ているところで入れ墨を入れられた。

慰安婦に送ったのも朝鮮人郡長だったし、日本軍が後退してやっと生きて帰れるかと思ったところをまた捕まえてここに送ったのも朝鮮人売春屋の主人だった。朝鮮人と話をすれば心が安まるかって。

崔　少しはイライラをおさめて生きろ。生きているうちにいつかは気持ちよく死ねる日が来るというから。

平壌から来たという慰安婦が釘の上を転がされてなぶり殺しにされる場面と、呉マルニョンが無理やり入れ墨を入れられる場面が、回想シーンとして挿入されていた。これは関係者周知のクマラスワミ報告書（一九九六年国連人権委員会にスリランカ人国連調査官のクマラスワミ氏が提出した日本人慰安婦問題に対する報告書。吉田清治証言などを根拠にして奴隷狩りのような強制連行があったと断定し、慰安婦を性奴隷と定義したでたらめな内容）に出てくる北朝鮮在住の「元慰安婦」の〝証言〟からとったものだ。それによると日本軍が慰安婦を釘の上を転がして殺し、その首を切って鍋で煮てスープを作り同僚慰安婦に無理やり食べさせた。別の慰安婦は逆らったので全身入れ墨を入れられたとのこと。そのような「証言」が、同報告書に添付された北朝鮮政府提供の資料に入っている。しかし、クマラスワミ氏は北朝鮮訪問すらせず、ただ北朝鮮政府が提供した資料を一切裏取りなどの検証もせず、そのまま添付したのだ。つまり、まったく裏付けの取れていない信憑性に乏しい証言であり、日本の学界では左派学者らでも使うことはない。

映画の慰安婦、呉マルニョンが、郡長や売春屋の主人など朝鮮人によって自分はひどいことをされたといって、朝鮮人と話をすれば心が休まるだろうと言う崔チルソンの言葉に反論していることは、打倒すべきは「親日派朝鮮人」だという二番目のこの映画の恐ろしさにつながる重要な台詞だ。そのことは後述する。

日本がやっていない「戦争犯罪」に関する捏造

三つ目の許しがたい捏造は、戦争犯罪を隠蔽するため朝鮮人鉱夫らを全員殺す計画があったという部分だ。これは映画の後半ストーリーの大前提で、この虐殺に尹先生が加担しており、それを独立運動工作員の朴が暴いて尹を公開処刑し、朝鮮人鉱夫らが武装して島を脱出するという映画の最大の見所であるアクション場面につながる。

しかし、そのような事実は端島炭鉱ではもちろん、それ以外の徴用現場でもまったく存在しない。日本と日本人に対する許しがたい誹謗中傷だ。終戦後、「徴用工」らを使っていた日本の会社は政府と協力して朝鮮への帰国の便宜を図った。それは当時を知る朝鮮人ならみな知っている事実だ。それなのに、なぜ虐殺計画というウソを映画が採用したのか。

第一章で見た、元戦時労働者や元勤労挺身隊員らが、韓国の裁判所で起こしている損害賠償裁判との関係を考えざるを得ない。

この裁判を支援するためには、端島炭鉱で行われたことは人道に反する罪だと強調しなければならない。朝鮮人「徴用工」虐殺計画という、なんの根拠も存在しない誹謗中傷を映画のメインストリームにおかざるを得なかった理由がここにあると私は考えている。

裁判を起こされた日本企業と請求資金を使った韓国企業が資金を出し合って基金を作って「徴用工」などに金銭的支援を行うという構想が韓国の政府関係者や識者、そして日本の一部運動家たちの間でささやかれている。安倍政権以前の日本外務省にも同じような構想があった。そのようなことをしては絶対にならない。「徴用工」らへの支援はあくまでも韓国内部の問題だ。したがって、基金を作るなら韓国企業だけが資金を出すべきだ。原則を曲げてはならない。官民で当該日本企業をサポートして、筋を貫くことを求めたい。

映画では最後に突然、「朝鮮人への強制的な労務があったことを（二〇一七年）十二月までに報告することを約束しているが、現存それが履行される様子はない」という字幕が出る。CJエンターテインメントは七月二十八日、ユネスコ本部があるパリで上映会をもった。平成二十七年にユネスコ世界遺産に端島が登録された際、日本政府は徴用の歴史についても説明する約束をした。日本はあくまでも事実に基づく説明をすべきだ。

そのためにもこの映画が国際社会に悪影響を与えないように、静かにしかし毅然《きぜん》と映画『軍艦島』には、あまりにひどい歴史捏造があり、悪意を持って日本と日本人を誹謗中傷しているというメッセージを官民で国際社会に発信しなければならない。私もできる限りの努力をしたいと映画を繰り返し見ながら決意した。

処断される「親日派」

最後にこの映画の隠された主題の恐ろしさについて触れる。

第五章で詳しく書くが、文在寅韓国大統領とその支持勢力は戦前日本に協力した親日派が処断されず、反共・親米派に化けて主流勢力となったという「反韓自虐史観」に立ち、主流勢力を全部交代させると公言している。彼らはそれを「ロウソク革命」と呼ぶが、その本質は本書で繰り返し書いてきたように「反日従北革命」だ。この映画も同じ歴史観に立っており、「人民裁判」や「武装蜂起《ほうき》」など暴力による革命を肯定する独善さが底流に流れている。

柳昇完監督は、二〇一七年七月二十八日、日本からの批判に対する反論文をネット公表し、その中で「取材した事実を基にして、当時の朝鮮人強制徴用の悲惨な実態と日本帝国主義の蛮行、そして日帝に寄生した親日派の人倫に反する行為を描こうとした」と述べ、親日派告発が映画の主題の一つだったことを認めた。

映画では、分かりやすい親日派として、鉱夫を虐待する労務係の宋ジョングが出てくる。宋は日本人に二回裏切られる。一回目は空襲の時、日本人だけが防空壕に入り、宋は入るのを阻止された。二回目は武装して脱走を図った朝鮮人と日本人が銃撃戦を展開する中、宋は部下の朝鮮人と共に、日本人側に立って交戦するが、日本人幹部の山田は「労務係であっても朝鮮人は全員殺せ」と命令し、宋の部下は日本人に撃ち殺された。

前述の通り朝鮮人慰安婦呉マルニョンは、朝鮮人の女衒《ぜげん》や慰安所主人によってひどい目に遭ったと語り、親日派朝鮮人への怨みを口にした。呉を演じた女優の李貞賢は、韓国紙インタビューで「『日本が無条件に悪い』と言わないところが気に入りました。実際の歴史をみても、朝鮮人が同じ朝鮮人をだましてもいました。歴史的事実を軸にして映画的ストーリーを加味した点がとても良かったです。普通は慰安婦被害者を表に出せば哀しいのですが、『軍艦島』の呉マルニョンはワンダーウーマンみたいです。このキャラクターに私を選択してくださって本当にうれしく、感謝しています」(韓国経済新聞七月二十七日)と親日派批判を展開している。

独立運動家出身で朝鮮人鉱夫から「先生」として尊敬されている尹ハクチョルが、実は親日派だったというどんでん返しもあった。尹は会社側と交渉する役割を果たしながら、裏で朝鮮人鉱夫の賃金や死亡補償金などを横領していたという設定だ。その事実を隠蔽するため、女子供を含む全ての朝鮮人を坑道に生き埋めにして殺そうという会社の陰謀に加担する。

独立軍工作員の朴は、尹先生を逃がす工作を進める中で、彼が日本人所長と内通して朝鮮人鉱夫らの賃金と死亡補償金などを横領して山分けしていた証拠を発見する。尹は、米軍の爆撃で多大な被害を受けた端島炭鉱を再建するため朝鮮人が団結して協力する見返りに、大幅賃上げ、待遇改善、希望者の朝鮮への帰国約束を会社から得たと鉱夫らが全員集まる集会で発表した。そして、その第一歩として明日、女子供も含む全朝鮮人が炭鉱の中に入って団結のための行事を行うので参加しようと提案する。ところが、そこに、尹に銃で撃たれて死んだと思われていた工作員朴が現れて、尹の話は全部ウソだと告発する。みなも見る前で激しく尹を告発し、最後に、朴が尹の喉を切り裂いて殺してしまう。暴力礼賛の人民裁判だ。

その時の尹を殺す直前の朴の台詞「反民族行為を朝鮮の名前で処断する」が印象深い。その部分を再現する。まさに親日派の処断だ。

朴　尹ハクチョルは今日、所長に会っていない。所長は死んだ。みなさんが明日、坑道に集まれば所長の代わりに山田（日本人会社幹部）がみなさんを生き埋めにするのです。

尹　朴ムヨン、これ以上、みんなを混乱させるな。

朴　米軍は沖縄を占領し、戦争はもうすぐ終わる。この尹ハクチョルは山田といっしょにみなさんを生き埋めにして、この島から抜け出して米軍のところに逃げる計画だ。

尹　でたらめいうな。

朴　みなさんは戦争物資を供給した端島の戦争犯罪を告発できる決定的な存在です。だから会社はみなさんを坑道の中に生き埋めにして証拠をなくそうというのです。

尹　君たちが血と汗を流したこの金は結局、日本人たちの汚い金ではないか。その金を独立運動の資金にしようとした私の何が悪いのか。

朴　伊藤たかみち、尹ハクチョル。民族の敵と内通し、人民の血を売って私利私欲を肥やした罪、指導者になりすまし民衆を欺瞞《ぎまん》した罪、反民族行為を朝鮮の名前で処断する。

その後、手に手にロウソクを持つ鉱夫や慰安婦らが、全員で島を脱出するという朴の提案に対して、参加するかどうか論争する。三人の鉱夫が次のように自分の意見を言う。

A　そんなことしないで、今からでもわれわれは日本人と話し合いましょう。

B　そうだ。はっきり言って日本人はわれわれより意識が高い人たちだから話し合いでもすればうまくいく。

C　話し合い。言葉で言ってわかるなら、なんで俺たちがここでこんなめにあっているのだ。関東大地震の時朝鮮人が井戸に毒を入れたと噂を流しみんな殺したじゃないか。

ここで、Bが「日本人はわれわれより意識が高い人たちだ」と話している点に注目したい。韓国では「日本から学ぶべきことは多い」という意見が年長者などを中心に根強くある。それを意識した台詞だ。最終的にA、Bなど十人程度の対日交渉派は脱出に参加しないことを決めた。

実はその日の昼、端島に住む日本人住民が「朝鮮人は島から出ていけ」というデモをした。プラカードまで持ったまさにヘイトスピーチデモだ。当時はそのようなものは無かった。これも歴史捏造だ。

その日の夜中、大多数の鉱夫らが朴らに引率されて宿舎を出た。その後、反朝鮮デモを行った数人の日本人が朝鮮人の宿舎に放火し、日本を信じた彼らは焼け死んでしまう。日本人との話し合いを求めた「親日派」は日本人に裏切られるというストーリーだ。

朴らは武装して島を脱出する計画を立てるが、その時鉱夫は皆、ロウソクを持って計画参加を誓う。今日、革命勢力の従北左派がロウソク集会で反朴槿惠、親文在寅を訴えた姿と重なり、韓国内の保守派知識人は予告編でロウソクを見たとたん、この映画は従北左派の宣伝映画だと見抜き、ネットなどで批判を開始した。

映画の中で日本人会社幹部の山田を、ジャズ楽団リーダー父子が銃で撃ち、火炎瓶で全身を燃やし、最後に工作員朴が日本刀で火まみれの山田の首を斬り落とし、戦闘は朝鮮人側の勝利で終わる。この結末も非現実的だ。

BTS（防弾少年団）の〝原爆礼賛〟を許さない

鉱夫らは石炭運搬船を奪って長崎へ向かうが、その時長崎に原爆が落とされる。それを船の上から黙って見詰める彼らの姿で映画は終わる。

「あそこにも朝鮮人がいるのに」と一人がつぶやくが、日本人の被害に触れる者はいない。

私の偏見かもしれないが、日本人への復讐の成功を喜んでいるようにも見え、従北左派が北朝鮮と統一国家をつくって核兵器を持った時に何が起きるか想像して背筋が寒くなった。

というのも、韓国アイドルグループBTS（防弾少年団）の原爆Tシャツ騒動が起こったではないか。メンバーが着たTシャツには、原爆投下後の写真とともに「PATRIOTISM（愛国）」「LIBERATION（解放）」「KOREA（韓国）」とプリントされていた。

また、二〇一八年十二月二十日には、韓国海軍の駆逐艦が海上自衛隊のP1哨戒機に火器管制レーダーを照射するといった挑発行為も発生した。こういった、あまりにも露骨な反日行為、反日ナショナリズムの動向には警戒と抗議を怠らないようにわれわれ日本人は努めるべきだ。

第四章

韓国司法と軍部は左翼クーデタにより解体の危機

韓国内に蔓延る中共流「文化大革命」の嵐

第一章で見たように、朝鮮人戦時労働者裁判で韓国最高裁が不当判決を下したことにより、日本では韓国に対する批判が急速に高まっている。

その代表的なものの一つが、反日感情が法治主義より先に立つ前近代的な判決だとする批判だ。だが、その批判は事柄の背景を説明するには不十分で正確ではない。

韓国国民の多くは戦時労働者問題について関心がない。だから、国民感情が決定的要因とは言えない。では何が決定的な要因か。端的に言って、文在寅政権が進める「積弊清算」をスローガンにする反日従北民族主義革命が司法でも進行中であることが一番大きい要因なのだ。韓国の司法は日本に対する裁判案件だけがおかしくなっているのではない。司法界全体で革命が進行中なのだ。その革命の一環が戦時労働者をめぐる不当判決なのだ。そのことをきちんと認識していないと全体像が分からない。

何より問題なのは、文在寅政権下の韓国で「革命」が進行しているということを伝える日本のメディアは限られていることだ。日本の対韓外交が受け身一辺倒になってしまう根本原因もここにある。

具体的に韓国の司法で何が起きているかを見ておきたい。

前職裁判官らが逮捕、起訴され、ついには前最高裁長官の逮捕が目前まで迫っている。常識的な判決を下してきた幹部裁判官らが中国の文化大革命時代の紅衛兵のような左派の同僚らから、つるし上げられる異常事態が続いているのだ。

そのような事態の中で、文在寅が任命した裁判官が多数を占めるにいたった最高裁が、第一章で記したように、二〇一八年十月三十日に新日鉄住金に「反人道的な不法行為」をしたとして元工員らに賠償を命じる確定判決を下した。さらに、十一月二十九日に最高裁が三菱重工敗訴の二件の確定判決を下した。

その少し前から、韓国司法界では驚くべきことが次々と起きていたのだ。

新日鉄住金判決の一カ月前、二〇一八年九月三十日、検察は梁承泰・前最高裁長官の自家用車を強制捜索した。検察が裁判所に求めた自宅の捜索令状は却下されたため、自家用車だけの捜査となった次第だ。

同じ日、梁承泰長官の下で法院行政処長を務めた車漢成、朴炳大、高永鋽の三人の元最高裁裁判官の自宅と事務所が家宅捜索を受けた。ソウルや釜山などの街頭には

「梁承泰（前最高裁長官）を逮捕せよ！」という横断幕が掲げられており、梁氏の自宅近くには左派系労組員や運動家らがおしかけて抗議活動を行っていた。

十月二十七日、やはり梁承泰長官時代に法院行政処の次長を務めた林鍾憲・元ソウル高裁裁判官が逮捕された。「司法行政権濫用事件」での最初の元裁判官の逮捕だった。

その前日、検察に召喚された林・元裁判官は、入り口でマスコミのマイクに囲まれ立ったまま詰問口調での質問を受ける姿がさらされた。林氏はソウル大学法学部出身でソウル高裁部長判事、ソウル中央地裁刑事首席部長判事などを歴任し、二〇一二年八月から二〇一五年六月まで法院行政処企画調整室長、同年八月から二〇一七年八月まで同次長を務めたエリート裁判官だ。

林氏の容疑は「朝鮮日報」（二〇一八年十月二七日）の報道などによるとこうだ。

①法院行政処が「日帝強制徴用被害者」（朝鮮人戦時労働者のこと）損害賠償事件の最高裁判決を先延ばしにする代価として裁判官の海外派遣を増やすように外交部に依頼した。

②名誉毀損容疑で起訴された加藤達也（前産経新聞ソウル支局長）の裁判や全教組の非合法化決定の可否をめぐる裁判など各種裁判に介入した。

③元世勲前国家情報院長の政治介入事件裁判などの非公開情報を大統領府側に伝達した。
④与野党の国会議員たちに裁判への対応戦略を作成した。

なお、加藤裁判への関与の中身は、判決理由の表現を朴槿恵大統領の気に入るように書き換えさせたことなどを指している。

弾圧を受ける「良心的裁判官」

残念ながら、この逮捕について報じた日本のマスコミは、二〇一八年十月三十日に予定されていた新日鉄住金への賠償請求訴訟との関連のみに言及して、今韓国の司法で起きている「革命」的状況についての解説をきちんとしていなかった。しかし、韓国マスコミは、対日関係ではなく、朴槿恵時代の司法の核心幹部たちを検察が刑事事件として大々的に調査している「司法行政権濫用」事件の一環として大きく取り上げたのである。

まず、十一月十四日、林鍾憲・元ソウル高裁裁判官が身柄を拘束されたまま起訴された。その起訴状には梁承泰前長官の名前が百五回、朴炳大・元最高裁裁判官の名前が四回言及されていた。マスコミ報道によると捜査の対象になっているのは、最高裁裁判官クラス十人、高裁部長判事クラス二十四人、地裁部長判事クラス四十四人、平判事クラス十五人の合計九十三人の現職、前職の裁判官だという。

次に、十一月十八日、朴炳大・元最高裁裁判官が容疑者として検察に召喚された。同じ日、左派が主導権を握る「全国裁判官協議会」なる会議が招集され、朴槿惠政権と結託して判決を歪めたなどと左派マスコミから非難されている現職裁判官を弾劾訴追することを国会に求める決議がなされた。

それを受け、与党「共に民主党」と極左野党「正義党」、中道野党「正しい未来党」などは最高裁の権純一裁判官をはじめとする現職裁判官十三人を弾劾訴追する準備をはじめた。裁判所が、検察が申請する裁判官らへの家宅捜査や逮捕の令状をなかなか許可しないことに反発して、起訴された裁判官らを裁く特別法廷を新設する新法を作ろうとしているのだ。

なお、権純一裁判官は、新日鉄住金判決で同僚の趙載淵裁判官と連名で補償は韓国政府が行うべきだという以下のような堂々たる反対（少数）意見を書いた人だ。

「請求権協定が憲法や国際法に違反して無効であると解するのでなければ、その内容の良否を問わずその文言と内容に従って遵守しなければならない。請求権協定により個人請求権をもはや行使できなくなることによって被害を受けた国民に、今からでも国家は正当な補償を行うべきである」

権裁判官は自身を非難する左派勢力の強い圧力の下でこの反対意見を書いたのだ。立派な裁判官だと思う。

二〇一八年十一月二三日、高永銲・元最高裁裁判官がやはり容疑者として検察に呼ばれた。そして、十二月四日、検察は朴炳大、高永銲の元最高裁裁判官の逮捕令状を請求した。元最高裁裁判官の逮捕は史上初めてだったが、七日、令状は棄却された。それに対して、裁判所が自分の「身内」をかばっているという批判を左派が強め、それを阻止するために国会は裁判官を裁く特別法廷を設置する新法を早く作れという声が出ている。

韓国司法界で相次いだ「下克上現象」

以上、二〇一八年九月末から十二月はじめの状況を詳しく説明したが、ここからは、文在寅政権下の司法でこれまで何が起きてきたかを時系列で簡潔に辿っておきたい。

二〇一七年二月頃、朴槿恵大統領の弾劾審理が憲法裁判所で進む中、左派判事の集まりである「国際人権法研究会」所属の判事たちが、法院行政処がブラックリストを作り研究会会員に不利益を与えているという声を上げた。朴槿恵大統領の弾劾理由の一つに左派系の歌手、俳優、文化人らのブラックリストを作って不利益を与えたことが上げられていたので、それにならう左派系裁判官らの攻勢だった。

なお、当時の最高裁長官は、李明博大統領が二〇一一年に任命した梁承泰氏だった。長官の任期は六年で再任は出来ない。また、法院行政処とは最高裁の下にある司法行政組織で、各級裁判の事務、全裁判所の予算・会計、全裁判官の人事などを業務としている。最高裁長官の指揮を受け、処長は最高裁の裁判官、次長は高裁裁判官だ。日本の最高裁判所事務総局にあたる。

憲法裁判所が、朴槿恵大統領の罷免を決定する一日前の二〇一七年三月九日、梁承泰最高裁長官がブラックリスト問題を調査する委員会を設置することを決めた。これが一次調査だ。四月十八日に「ブラックリストは実体がない」とする報告書が公表された。

ところが、左派系裁判官は追及を止めず、朴槿恵大統領について虚偽キャンペーンを続けた左派マスコミも、疑惑は解消されていないとするキャンペーンを続け、左派系市民団体が梁承泰最高裁長官や行政処幹部を刑事告発した。その直後の二〇一七年五月十日に、「積弊を清算して主流勢力を交代させる」とする公約を掲げた文在寅政権が発足し、その騒ぎは一層拡大していった。

六月十九日、左派系判事らは地裁、高裁に関係なく各裁判所から選ばれた百名の代表の集まりである「全国裁判官代表会議」の場で、追加調査を求める決議をした。同会議の議長と副議長は左派系の地裁裁判官で、代表の中にも左派系が多数含まれている。同日、検察は梁承泰最高裁長官に対する告発を事件として扱い、ソウル中央地検刑事一部を担当させた。

六月二十八日、梁承泰最高裁長官が追加調査はしないと表明した。すると七月五日&二四日、全国裁判官代表会議が開催され、梁承泰最高裁長官の決定を遺憾として対応を議論した。

最高裁長官の決定を地裁の裁判官らが中心になって反対の議論をするのだから司法の「下克上現象」と言って良い。また、地裁裁判官の中には抗議の辞表を提出する者や断食闘争をする者まで出てきた。八月三十日には、ソウル地検が、梁承泰長官を告発した者から聞き取り調査をした。

九月二二日、梁承泰長官が、任期が終わり退任した。後任に文在寅大統領が任命したのは江原道地裁裁判長だった金命洙氏だ。最高裁裁判官を経ずにいきなり最高裁長官に抜擢されるという革命的人事だ。

金命洙氏はウリ法研究会と国際人権法研究会という左派裁判官らで構成される二大組織の会長経験者だ。その左派的思想を見込んで文在寅大統領が司法における積弊清算を任せたのではないかと言われた。

アメリカでは、歴代大統領が最高裁判事を任命するにあたって、保守派判事を起用するのか、リベラル派判事を起用するのか、そのたびごとに激しい議論が起きるが、それ以上に、韓国の最高裁判事の任命がより問題だ。韓国では最高裁長官と判事は六年の任期制だ。任期がなく本人が辞任するか死亡するまで終身で務める米国とは違う。したがって、米国よりも判事の交代頻度が高い。ある政治勢力が大統領と議会の多数を握って司法を支配しようと考えればやり放題にできるという制度的欠陥がある。

二〇一八年七月二日、金命洙長官が八月に退任する三人の最高裁裁判官の後任として、金善洙弁護士、李東遠済州地方法院長、盧貞姫法院図書館長を指名した。この人事は、国会の同意を得て文大統領が正式に任命した。

三人のうち二人は左派だ。特に金善洙は一九八八年、国連人権委員会で国家保安法の廃止を訴えたことで知られる極左だ。二〇一一年七月に摘発された旺載山スパイ団事件など北朝鮮のスパイ事件の弁護もしている。違憲政党として二〇一四年十二月に憲法裁判所が解散させた極左政党の統進党の弁護団長を務めたこともある、筋金入りの従北左派だ。盧貞姫は「ウリ法研究会」出身の左派だ。

この三人が任命され、二〇一八年八月からの最高裁裁判官構成は、李明博任命一人、朴槿恵任命五人、文在寅任命八人で文在寅任命の裁判官が過半数を占めることになった。

私はその指名の段階で『W・iLL』（二〇一八年九月号）で「韓国で『革命』進行中」と題して、「元徴用工の請求権は残っているので、八月以降に日本企業に戦後補償の支払いを求める、日韓の外交関係の根幹を揺さぶるとんでもない確定判決が下される可能性が高まってきた。以上のような現実を我々は直視し、きちんとした対応策を備えておくしかない」と警鐘をならした。残念ながら、私の指摘したとおりの判決が出たのである。

「左翼クーデタ」により韓国司法は壊滅状態

ともあれ、金命洙長官は、初出勤日である二〇一七年九月二五日、「ブラックリストの追加調査をするかどうかは至急決定すべき問題だ」として、前任長官の決定を覆し、二八日には左派が牛耳っている「全国裁判官代表会議」代表と面談して追加調査実施の要請を受けた。そして、十一月三日、金命洙長官は追加調査実施を決めた。

すると、二〇一八年一月二二日、「リストは見つからなかったが、一部問題文書を発見した」とする追加調査結果が公表された。

そこで金命洙長官は、同年二月十二日に「司法行政権濫用特別調査団」を組織して第三次調査をすることを決めた。調査団は梁承泰前長官の面接調査を求めたが本人が拒否して実現しなかった。

五月二五日、行政権の濫用はあったが刑事問題とすることは困難だなどとする第三次調査結果が公表された。

この頃から、問題の焦点がブラックリストの存在ではなく、梁承泰長官らが司法行政処を使って裁判に介入し、朴槿恵政権と取引を行ったという疑惑が大きく報じられるようになった。

その典型例として上げられたのが新日鉄住金裁判と三菱重工裁判の確定判決が五年も先延ばしになっていることの裏に、朴槿恵政権との取引があったという疑惑報道だった。梁承泰長官は確定判決を先延ばしする代価として朴槿恵政権の外交部に裁判官の海外派遣勤務枠を増やすように求めたなどとされている。

二〇一八年五月三一日、金命洙長官が対国民謝罪文を公表した。その中で最高裁長官として関係者の刑事告発をすることについて「各界の意見を聞いて最終的に決定しようと思います」とした。

現職最高裁長官が、前任者らを刑事告発することを検討すると言ったのだ。刑事告発されれば、その事件はかならず有罪になるしかない。そのようなことを明言したのだから、司法界は大騒ぎとなった。

しかし、六月一日には梁承泰前長官が記者会見をして自身の裁判官生活にやましいことは何もないと強く反論した。

また、六月五日、ソウル高裁部長判事会議が開かれ「裁判取引疑惑は根拠がない。関係者の刑事告発は不適切だ」という意見が出された。

さらには、六月七日、全国の地裁と高裁の三十五人の裁判長の集まりである「全国裁判官懇談会」が開催された。三十年以上の経験を積む裁判官らは「関連者に対する刑事措置をとるべきでない」という立場を表明した。

ところが、六月十五日、金命洙長官は最高裁として刑事告発はしないが、すでに開始されている捜査には積極的に協力するという立場を明らかにしたのである。そのために、ついに裁判所の協力の下で前職と現職裁判官らが刑事事件の容疑者として検察の捜査を受ける事態が生まれたのだ。

この捜査の過程で、朝鮮人戦時労働者の裁判で最高裁が確定判決を先延ばしにしてきた裏に、梁承泰前長官らが朴槿惠政権と裏取引をしたことを示す多くの書類や証言が見つかったと連日マスコミにリークされた。

そのような中で、二〇一八年十月三十日に新日鉄住金裁判の不当判決が下り、梁承泰前長官を最終ターゲットにした検察の捜査が進んでいる。すでに二人の元大統領が逮捕起訴されている。元最高裁長官が逮捕・起訴されれば、旧秩序を転覆するまさに革命状況だ。それが文在寅政権下の検察と司法の手によって進められている。

「賄賂ゼロ円」で有罪になった朴前大統領

ところで、日本ではすっかり忘れられた感があるが、文在寅を大統領にさせてしまったのは、言うまでもなく前大統領の朴槿惠の失脚が最大の原因だった。その朴氏に対する裁判劇を振り返れば、韓国の司法界の異常さが、さらによく理解されよう。

二〇一八年四月六日、韓国ソウル中央地方裁判所は朴前大統領に、懲役二十四年、罰金百八十億ウォン（十八億円）を言い渡した。八月二十四日、二審であるソウル高裁で懲役二十五年、罰金二百億ウォン（二十億円）とより重刑が宣告された。その上、七月二十日、別の事件の一審のソウル地裁が別途、懲役八年を宣告したから、合計懲役三十三年だ。二〇一八年十二月の段階で最高裁での上告審が続いている。

「韓国の法治は死んだ」という元大韓弁護士会会長の金平祐弁護士らが、憲法裁判所の弾劾決定時に叫んだ言葉を再び想起せざるを得ない。

それにしても、三十三年という重い懲役に驚くばかりだ。従北地下組織のリーダーとして武装蜂起のために武器弾薬の準備を命じた李石基元国会議員でさえ懲役二十年だった。韓国の裁判所が定めている殺人罪の基本量刑は懲役十〜十六年だ。朴前大統領の量刑はそれよりもはるかに重かったのだ。

ここでは二〇一八年四月六日の一審判決を詳しく検討する。検察は朴前大統領に対して十八件の罪で起訴していた。便宜上、十八件をⅠからⅦに分類し、①〜⑱の番号を振った。

その分類は、Ⅰ収賄四件、Ⅱ賄賂《わいろ》要求一件、Ⅲ財団などへの資金提供強要三件、Ⅳ民間企業などへの納品、広告発注、人事、運動部創設強要六件（未遂一件含む）、Ⅴ国家公務員辞職強要二件、Ⅵ過激な左派芸術家などへの国家支援停止指示一件、Ⅶ大統領府文書流出一件だ。そのうち判決では収賄の一件が無罪、同一件が部分的無罪となり、それ以外は有罪となった。

特に注目されるのが収賄部分だ。起訴されたのは、①サムソンから財団支援金二百四億ウォン、②サムソンから冬季スポーツ英才センター支援十六億ウォン、③サムソンから崔順実の娘へ乗馬支援二百十三億ウォン（約束含む）、④ロッテからKスポーツ財団へ七十億ウォン出資だったが、そのうち、①と②は無罪となり、③のうち約束だけして支援実行していなかった部分は無罪、乗馬用の馬の提供などすでに支援されていた部分七十二億ウォンが有罪となり、④は有罪となった。

また、⑤SKグループに賄賂要求八十九億ウォンはそもそも、財団への出資すらなされていない。これらから、朴槿恵前大統領はサムソンから七十二億ウォン、ロッテから七十億ウォンの合計百四十二億ウォンの賄賂を受け取ったとされた。しかし、ここで強調しておきたいのは、彼女自身は一ウォンも賄賂を受け取っていないということだ。

そのことは、裁判所も認めた。受け取った賄賂など犯罪で得た利益の返還を求める追徴金《ついちょうきん》がゼロだったからだ。通常、収賄罪が有罪となれば受け取った賄賂の返還を求めるが、それがない。

実際、サムソンからの七十二億ウォンは崔順実が受け取ったもので、ロッテからの七十億ウォンは、今もKスポーツ財団に出資されたままだ。

ところが、検察は朴前大統領と崔順実は「経済共同体」だという奇妙な理屈を主張して、崔が受け取った娘の乗馬支援は前大統領が受け取ったものだとし、またミル財団とKスポーツ財団は崔が実質的に支配していたから、そこに出資された資金も朴前大統領が受け取ったものだと主張し、それを裁判所が認めたのだ。しかし、朴前大統領と崔が共有財産を持っていたり、共有口座を持っていたという事実はない。したがって「経済共同体」という理屈はおかしいと、前出の金平祐弁護士らは主張している。

それでは、朴前大統領が科せられた罰金百八十億ウォンにはどのような理屈がついているのか。収賄罪の場合、受け取った賄賂の金額の二～五倍が罰金として科せられるという現行法上の規定があり、百四十二億ウォンの収賄罪が有罪となったから百八十億ウォンが罰金として科せられた。朴前大統領が二年前に申告した財産は三十七億四千万ウォン（約三億七千万円）だったから、到底払えないだろう。だから、朴前大統領は実刑を終えた後、労役場に留置されて労役をしなければならない。

同じ財団への出資でも、三件は収賄ではなく資金提供強要とされた。すなわち、⑥ロッテにKスポーツ財団へ七十億ウォン出資強要、⑦五十三の大企業にミル財団とKスポーツ財団へ七百四十四億ウォン出資強要、⑧サムソンに冬季スポーツ英才センターへ十六億ウォン支援強要だ。

冬季スポーツ英才センターは平昌《ピョンチャン》五輪に備えて国策として作られたものだ。サムソンは平昌五輪の誘致にグループを上げて協力し、誘致成功後も五輪準備に協力してきたが、それが大統領個人の罪にされた。

Kスポーツ財団とミル財団は崔が事実上支配しているとされたが、その根拠も曖昧だ。崔は理事長や理事など役員になっていない。二〇一六年冬、朴槿恵退陣を求めるデモが盛んだったとき、ほぼすべてのマスコミがKスポーツ財団の理事長は崔が足繁く通っているマッサージ店の社長だと誤報した。実際は、スポーツ学博士号を持つ体育の専門家でマッサージとは何も関係のない人物が理事長だった。今に至るまで韓国マスコミはその誤報を訂正していない。その上、二つの財団は適法な手続きをとり公益に資すると認められた合法的存在だ。それへの出資を求めたことが、なぜ罪になるのか理解しがたい。

それ以外のⅣ民間企業などへの納品、広告発注、人事、運動部創設強要六件（未遂一件含む）、Ⅴ国家公務員辞職強要二件、Ⅵ過激な左派芸術家などへの国家支援停止指示一件、Ⅶ大統領府文書流出一件のうち、Ⅳは大統領の犯罪としてはあまりに軽く、崔が大統領と親しいという事実を利用して私腹を肥やした容疑としかいえないし、ⅤとⅥは選挙で選ばれた大統領の職務権限の範囲だと保守派の関係者は主張する。民間人である崔に秘密扱いの公文書を見せたとされたⅦは、朴前大統領が法的責任を負うべきだが、それによる量刑が懲役二十年になるはずがない。

朴は全ての名誉と人生を失った

朴前大統領は、二〇一七年十月十六日に法律で定められた六カ月の勾留期間が過ぎたにもかかわらず、裁判所が保釈を認めなかったことに抗議して、出廷を拒否し続けている。そのとき「勾留され裁判を受けてきたこの六カ月間は惨《みじ》めで、全ての名誉と人生を失った」「受け入れられない。法治の名を借りた政治報復は私で最後になるよう望む」「私は諦めない。いつか真実が明らかになると信じている」と陳述した。判決の日も法廷には出てこなかった。

結局、朴槿恵前大統領の一審判決は次のように下された。本人が出廷を拒んだまま、判決が下される模様はテレビ中継までされた。政権側のさらし者にしようという底意がミエミエだった。

Ⅰ　収賄罪　四件起訴、二件有罪

①サムソンから財団出資二百四億ウォン収賄　↓　無罪

②サムソンから冬季スポーツ英才センター支援十六億ウォン収賄　↓　無罪

③サムソンから崔順実の娘へ乗馬支援二百十三億ウォン（約束含む）収賄↓一部有罪（七十二億ウォンのみ有罪）

④ロッテからKスポーツ財団へ出資七十億ウォン収賄　↓　有罪

Ⅱ　賄賂要求一件起訴、一件有罪

⑤SKグループに八十九億ウォン賄賂要求　↓　有罪

Ⅲ　財団などへの資金提供強要三件起訴、三件有罪

⑥ロッテにKスポーツ財団へ七十億ウォン出資強要　↓　有罪

⑦五十三の大企業にミル財団とKスポーツ財団へ七百四十四億ウォン出資強要

↓　有罪

⑧サムソンに冬季スポーツ英才センター十六億ウォン支援強要　↓　有罪

Ⅳ　民間企業などへの納品、広告発注、人事、運動部創設強要六件（未遂一件含む）

起訴、五件有罪

⑨現代自動車に崔順実と関係している会社への広告発注・納品強要　↓　有罪

⑩KT［通信会社］に崔順実と関係している会社への広告発注強要など　↓　有罪

⑪ハナ銀行人事強要　↓　有罪

⑫ポスコにフェンシングチーム創部強要　↓　有罪

⑬GKL［カジノ経営会社］に障害者フェンシングチーム創部強要　↓　有罪

以上①から⑬は崔順実と共謀容疑、⑭以下は単独犯行容疑

⑭ＣＪ［食品会社］副会長退陣強要

Ⅴ　国家公務員辞職強要二件起訴、二件有罪
⑮文化体育観光部局長辞職強要
⑯文化体育観光部一級公務員三人に辞職強要

Ⅵ　過激な左派芸術家などへの国家支援停止指示一件起訴、一件有罪
⑰いわゆる「文化界ブラックリスト」実行指示

Ⅶ　大統領府文書流出一件起訴、一件有罪
⑱大統領府文書流出　↓　一部有罪（十四件）

まさに、政治報復だ。検察だけでなく裁判所も常軌《じょうき》を逸《いっ》していると、心ある関係者は批判している。ある保守派リーダーは私に「検察と裁判所が法治を破り権力者にへつらって、政治弾圧に加担するなら、政権は全体主義に近づく」と語った。

韓国の自由民主主義はもはや死滅寸前ではないのか

この一連の裁判でのやりとりを見ていて、私が一番戦慄《せんりつ》するのは、これまで見たような法治主義の原則からの判決批判が、保守系新聞を含む大手のマスコミからほとんど見られなかったことだ。韓国の自由民主主義の危機だとしか言いようがない。なぜ、ここまでおかしくなったのか。

私は二〇一八年、訪韓して韓国保守のリーダーである趙甲濟氏（元「月刊朝鮮」編集長）と議論した。その際、彼は私に対してこう語っていた。

〈韓国は経済的に先進国になり、民主化も実現したのに、赤化を心配していることが西岡さんには理解できないのですね。理解ができないのは外国人だけではありません。韓国に住んでいる韓国人も理解が困難です。

一言で言うならば、民主主義国家では国民が分別力を失うと銃口から権力が生まれるのではなく、世論から権力が生まれ選挙で政権が作られるので、民主的手続きを踏んで共産政権や独裁政権が生まれることもありうるのです。

ヒットラーが一九三三年にドイツという先進国で選挙を通じて勝利して授権法を作り、合法的手続きを経て独裁に進んだ。韓国の民主主義は歴史が短い、まだ若い民主主義です。七十年しか歴史がありません。ですから民主主義の国民的自殺の可能性も排除できないと私は見ています。

民主主義の年輪が短いため、民主主義を支える国家エリートが韓国ではとても少ない。それから法治が動揺しており、煽動《せんどう》にだまされやすいという致命的な弱点があります。国民の分別力が弱体化した理由は三つあります。第一に、共産主義が悪であるという価値判断を若い世代にしっかりと継承できなかったこと、第二に、国家の安全保障を外国に頼り切ってきたこと、第三に、漢字を使わずハングル専用にしたため、物を深く考える力が落ちてしまったことです。

しかし、李承晩、朴正煕の路線が正しかったので大韓民国という文明が建設されました。その文明の力が制度にも存在し、企業にもあり、国民の生活に根を張っています。私はこの文明の力が最後に発揮されると思います。左派の煽動が国家に大きな打撃を与えますが、体制を転覆することは不可能だと思います。

大韓民国の体制を守るためには戦う右派勢力がいなければなりませんが、現在はその勢力が少し弱体化しています。知識人、多くのマスコミ、判事・検事も政権にすり寄ってあちら側に行ってしまった。そして組織化された強力な勢力として労組があります。

一方、右派陣営には誰がいるか。キリスト教の教会、特にプロテスタント教会が韓国では組織力を持っています。組織力をみると左派は労組、右派は教会です。さらに自由韓国党という政党があり、右派的マスコミは少ないですが生き残っており、最近はYouTubeなどSNSを使った新しい右派言論が生まれています。

それから左派政権になっても今はまだ言論の自由があります。KBS（韓国放送公社）とMBC（文化放送）はあちら側の手に落ちましたが、言論の自由は生きている。自由民主主義の三大自由は、言論の自由、選挙の自由、私有財産権ではないですか。この基本的権利が生きている限り、韓国は選挙を通じて共産主義になることはないと思います〉

彼のその認識は甘いというべきかどうか。このままだと韓国の自由民主主義は死滅していくのではないかという危機感を私は持っている。

引き続き、もう一人の保守系大統領の李明博氏に対する文政権の弾圧ぶりをみておきたい。

反革命(保守)勢力を無力化するための露骨な国策捜査

朴前大統領の前任者であった李明博元大統領は、二〇一八年三月二十三日に逮捕され四月九日に起訴された。兄が経営している自動車部品製造会社DASを李元大統領が「実質的に所有している」という検察の強引な法解釈が罪状の核心部分だ。サムソンがDASの裁判費用を肩代わりしたことを、元大統領へのワイロにあたるとされた。しかし、李元大統領はDASの経営陣に加わったこともなく、株も持っていない。ただ、兄が経営しているというだけの関係だ。

李明博元大統領は起訴された日、SNSを通じて「自由民主主義を瓦解《がかい》しようとする意図だ」とする抗議文を公開した。その一部を拙訳で紹介する。

〈私を狙った捜査が十カ月以上続きました。インターネット書き込み関連捜査で調査された軍人と国家情報院職員二百人余りを除いても、李明博政府の大統領府首席秘書官、秘書官、行政官など何と百余人を超える人々が検察調査を受けました。（略）李明博政府と朴槿惠政府で安全保障の第一線に立った、国家情報院長と大統領府安保室長、国防部長官はほとんど逮捕または起訴されている実情です。彼らに被《かぶ》せられた罪名が何であっても外国にどのように映るのか、北朝鮮にどんなメッセージとして伝わるのか憂慮しないわけにはいきません。

感情的なうっぷん晴らしで政治報復なのかと思いましたが、これは私、李明博個人を越えて私たちが血の汗を流して成し遂げた自由民主主義体制を瓦解させせようとする意図があるという結論に至りました〉

彼は、逮捕されて以降、一貫して取り調べには応じなかった。そうした彼の抵抗や抗議もむなしく、ソウル地裁は二〇一八年十月五日、李氏に対して懲役十五年、罰金百三十億ウォン（約十三億円）、追徴金八十二億七千万ウォン（約八億二千七百万円）の実刑判決を言い渡した。

検察側の求刑は懲役二十年、罰金百五十億ウォン（約十五億円）、追徴金百十一億ウォン（約十一億円）だった。この判決公判も、テレビで生中継されたが李氏は欠席していた。

それはさておき、李明博元大統領が告発しているように、李明博、朴槿恵政権時代に安全保障の第一線で北朝鮮と対抗してきた国家情報院長、安保室長、国防部長官を経験した人々が次々、逮捕され起訴されている。

まず国情院長を見よう。李明博政権、朴槿恵政権の国情院長は金成浩、元世勳、南在俊（駐日大使、大統領秘書室長を歴任）、李丙琪（駐日大使）、李炳浩の五人だが、全員が検察の取り調べを受けて起訴され、一人（元世勳）は有罪判決が確定し、三人（南在俊、李丙琪、李炳浩）は一審実刑判決で身柄を拘束され、一人（金成浩）は在宅起訴状態で一審判決を待っている。

李明博政権下の金成浩元院長（二〇〇八年三月二十六日〜二〇〇九年二月十二日）は二〇一八年三月、在宅起訴された。二〇〇八年五月に国情院活動費四億ウォンを李明博大統領に渡したという容疑だ。金成浩元院長は金を渡した事実はないと容疑を全面否定している。二〇一八年十二月現在、一審で審理が続いている。なお、国情院活動費を大統領に渡すことは李明博政権時代からの慣例とされ、個人の利益に使われてはおらず、大統領府の統治活動に使われたとされている。国庫予算の使途変更だが、盧武鉉、金大中時代にも同種のカネが使われていたという疑惑も提起されており、個人の犯罪とするには無理が多いという評価がある。

元世勳元院長（二〇〇九年二月十二日～二〇一三年）は朴槿惠政権時代の二〇一三年六月、インターネット上の書き込みで二〇一二年の大統領選挙に介入した疑いで在宅起訴された。同年七月一億五千万ウォン相当の金品を建設業者からワイロとして受け取った収賄容疑で逮捕された。選挙介入については、一審は懲役二年六月、執行猶予四年。二審で懲役三年の実刑。二〇一五年七月に、最高裁が二審判決を破棄し、ソウル高裁に審理を差し戻したが、文在寅政権下の二〇一七年八月三十日のソウル高裁差し戻し審で、懲役四年の実刑判決を言い渡され、二〇一八年四月十九日に最高裁が高裁の差し戻し審判決を支持する判決を言い渡し、懲役四年の実刑が確定し刑務所に入っている。

南在俊（二〇一三年～二〇一四年六月）元院長は、在任中に北朝鮮独裁政権を倒して自由統一を実現するというビジョンを語っていた気骨ある陸軍大将出身の職業軍人だった。二〇一三年六月には、盧武鉉・金正日の会談議事録全文を公開して、盧武鉉大統領があたかも金正日の部下であるかのように北朝鮮核開発を米国などの首脳に対して弁護してきたと報告し、海上の休戦ラインであるNLL（北方限界線）を放棄するかのような発言をしていることなどを暴露し、北朝鮮メディアから連日名指しで非難されていた。しかし、二〇一四年ソウル市職員のスパイ事件で交錯部門の部下職員が証拠を捏造したとされ、責任を取って辞任した。朴槿惠弾劾後には、大統領選挙に出馬して文在寅が当選したら韓国は赤化すると主張し、選挙終盤で自由韓国党の洪準杓候補支持を表明して候補を辞退した。

文在寅政権になり国家情報院活動費六億ウォンを朴槿惠大統領に渡した容疑などで逮捕された。二〇一八年六月十五日、ソウル中央地裁は、特定犯罪加重処罰法（国庫損失）違反などで懲役三年の実刑判決を下した。二〇一八年十二月十一日、ソウル高裁は、特定犯罪加重処罰法（国庫損失）違反は否定し一般横領罪で懲役二年の実刑判決を下した。

李丙琪（二〇一四年六月～二〇一五年三月）元院長は、外交官出身で朴槿惠政権時代

に悪化した日韓関係の立て直しに尽力した知日派だ。国情院長就任前の二〇一三年六月から駐日韓国大使となり、韓国大使として初めて日本人拉致被害者家族と面会した。二〇一四年七月より国家情報院院長、二〇一五年三月、大統領秘書室長として朴槿恵大統領を支えた。崔順実スキャンダルが浮上する数カ月前の二〇一六年五月に大統領秘書室長を退任している。文在寅政権になり、南元院長と同様に、国家情報院活動費八億ウォンを朴槿恵大統領に渡した容疑などで逮捕された。

二〇一八年六月十五日、ソウル中央地裁にて特定犯罪加重処罰法（国庫損失）違反などの罪で懲役三年六カ月の実刑判決。なお、李丙琪氏が大統領秘書室長在任時に、最高裁判所が同氏の意向を忖度して元徴用工らの裁判の確定判決を先延ばしにしたとして、現在、最高裁判所の司法行政権濫用事件が捜査中だ。二〇一八年十二月十一日、ソウル高裁は、特定犯罪加重処罰法（国庫損失）違反は否定し、一般横領罪で懲役二年六カ月の実刑判決を下した。

李炳浩（二〇一五年三月～二〇一七年六月）元院長も南元院長と同じ職業軍人出身で、在任中、北朝鮮から多数の高位層亡命者を韓国に入国させるなど活発に対北工作を展開した。文在寅政権下で、南元院長らと同様に、国家情報院活動費二十一億ウォンを朴槿恵大統領に渡した容疑などで在宅起訴され、二〇一八年六月十五日、ソウル中央地裁にて特定犯罪加重処罰法（国庫損失）違反などの罪で懲役三年六カ月の実刑判決をうけ法廷で拘束された。二〇一八年十二月十一日、ソウル高裁は、特定犯罪加重処罰法（国庫損失）違反は否定し、一般横領罪で懲役二年六カ月の実刑判決を下した。

二〇一七年五月、北朝鮮の政治警察である国家保衛部は、李炳浩院長が北朝鮮内部の反体制勢力を使って金正恩暗殺を計画したとして、身柄を北朝鮮に送ることを要求した。一方、同じ二〇一七年五月に米国ＣＩＡは李元院長の対北工作を高く評価して「ジョージ・テネット」メダルを授与した。

李元院長が北朝鮮内部の反体制勢力を育成支援したことは事実であることが、月刊朝鮮などの報道で少しずつ明らかになっている。李元院長は弁護士に対北秘密工作について次のように語っている。

「情報機関は受け身で防御をする軍隊とは違います。積極的に行動しなければなりません。南北の情報戦で北朝鮮を揺さぶり圧迫しなければならないのです。北朝鮮内部でも自由社会の文化や情報が入っていったので住民らは変わりました。金正恩独裁に反発する気流が生まれたのです。

国情院がそれを間接的に支援することは当然です。自生的なそのような抵抗集団に資金を与え与件も作ってやったのですが、そのような試みが中間で発覚した結果、私が北の最高尊厳に危害を加えようとしたテロリストになり、金正恩が私を地の果てまで追いかけて殺してやると言ったのです」（月刊朝鮮二〇一八年十月号）

朴槿恵弾劾を北朝鮮が韓国内の従北勢力を総動員してやらせた理由が李元院長が進める工作を恐れたことにあったのだ。南北は激しい工作戦を戦っている。

文在寅政権下で国情院は前職院長五人が全員、起訴される事態となり、混乱に陥り対北工作やスパイ取り締まり機能が大幅に弱体化してしまった。

次に国防部長官と大統領府国家安保室長を歴任した面々だが、前者は四人中一人が、後者は二人中二人が文在寅政権になって在宅起訴された。

国家安保室長は朴槿恵政権になって新設されたのだが、初代の金章洙元室長（二〇一三年三月～二〇一四年五月）は、文在寅政権になり二〇一八年三月、セウォル号沈没事件の際の朴槿恵大統領への最初の報告の時間を実際より早く捏造した容疑で在宅起訴された。

李明博政権最後の国防長官だった金寛鎮は朴槿恵政権下でも長官を留任し（二〇一

〇年十二月四日～二〇一四年六月二十九日）、退任後、すぐ金章洙の後任の安保室長（二〇一四年六月～二〇一七年五月）に任命され李明博、朴槿恵政権の安保政策を支えた。やはり、文在寅政権になって二〇一七年十一月検察が国防長官在任時、軍の心理戦部門を使って二〇一二年十二月の大統領選挙に介入した容疑で逮捕した。その後、裁判所が拘束を認めなかったので釈放されたが二〇一八年三月在宅起訴された。

軍の情報機関が解体されていく

そして、最近、軍内の情報機関である機務司令部が解体されるかも知れないという事件が起きている。同司令部は国情院と並ぶ北朝鮮スパイ摘発機関だから、もし解体されれば悪影響は大きい。

発端は二〇一八年七月五日、与党「共に民主党」の李哲熙議員が、軍がろうそくデモを鎮圧するための作戦計画を作っていたとして暴露した、「戦時戒厳および合捜業務遂行方案」と題する表紙と目次を含む十頁の文書だった。同文書は機務司令部が二〇一七年三月、朴槿恵大統領の弾劾を憲法裁判所が最終判断を下す直前に作成したもので、デモが暴徒化したときに備えた衛戍令《えいじゅ》や戒厳令について検討する内容だった。文書暴露を受けて文在寅大統領は七月十日、国防部に徹底した捜査のための独立捜査団を作ることを命じた。

私はその全文を入手して読んでみたが、重大な事実が見逃されたまま、「一方的に機務司令部がろうそくデモを鎮圧するための戒厳令を準備していた」とする韓国と日本の多数マスコミの煽動報道に強い怒りを感じざるを得なかった。文書は、朴槿惠弾劾を求める左派によるろうそくデモだけでなく、保守派による朴槿惠弾劾反対の太極旗デモの両者の暴徒化可能性を想定し、警察力で治安維持ができなくなった場合の対応を検討したものだった。文書の一頁の「現況診断」部分を全訳してみる。

「現況診断

〈現状況評価〉

○政界が加勢したロウソク・太極旗集会など進歩（従北）―保守勢力間の対立持続

・ロウソク集会：十八回、延人員千五百四十万余名。「弾劾棄却されれば革命」と主張

・太極旗集会：十五回、延人員千二百八十万余名。「弾劾容認されれば内乱」と主張

〇一部保守陣営で戒厳令必要性を主張するが、国民の大多数が過去の戒厳令に否定的認識を持っており戒厳令施行時に慎重な判断必要

〈弾劾決定宣告以後の展望〉

〇弾劾審判結果に不服な大規模デモ隊がソウル中心部へ集結し青瓦台・憲法裁判所に侵入・占拠を試図《しと》

〇政府（警察）で大規模デモを遮断するや、国民感情が爆発し同調勢力が急激に糾《きゅう》合《ごう》され、火炎瓶投てきなど過激な様相が深化

〇サイバー空間に流言飛語が乱舞し、進歩（従北）または保守の特定人士の煽動により集会・デモが全国に拡散

〇学生・農民・勤労者および市民団体が加勢し、一部デモ隊が警察署に乱入し、放火・武器奪取を試図するなど深刻な治安不安が造成

※北の挑発脅威が漸増する中でデモ悪化による国政混乱が加重する場合、国家安保に危機が招来することもありうるので、軍次元の備えが緊要」

これを読めば、文書が考えていたのは、朴槿恵政権を守るためのろうそくデモ鎮圧ではなく、ろうそくデモと太極旗デモの両者が憲法裁判所決定に不服で暴徒化した場合の治安維持のための対策だったことが分かる。しかし、韓国の多数のマスコミは軍が朴槿恵政権を守ろうとして戒厳令を準備していたという煽動を開始しており、文在寅政権もそれに乗って、ますます軍部弱体化と機務司令部解体を進めた。

二〇一七年七月十日、文在寅大統領が法的根拠のない「特別捜査団」を作れと命令した。軍を捜査する捜査団は国防部長官の指示も受けないとされ、現職、前職の軍幹部が徹底的に尋問され、関係文書はすべて押収された。七月二十七日、文在寅大統領は全軍主要司令官会議の冒頭「機務司令部のセウォル号遺族査察と戒厳令検討はそれ自体あってはならない旧時代的で不法的な逸脱行為だ」と一方的に断言した。まだ捜査が始まった段階で不法行為という結論を先に公言しているのだから、法治も人権もすべて蹂躙されているとしか言いようがない。

ところが、特別捜査団はクーデタ計画についてだれも起訴できないまま、十一月九日に解散した。つまりクーデタ計画はなかったのだ。しかし、朴槿恵政権の機務司令部がクーデタを計画していたと連日報じたテレビ、新聞はこのときもまったく訂正報道をしなかった。

また、先に引用した七月二十七日の文在寅発言では戒厳令文書問題と並んで機務司令部のセウォル号遺族査察が非難されていた。文在寅大統領は一部マスコミの煽動報道を盲信して、機務司令部がセウォル号遺族を査察したことをも合わせて糾弾したのだ。これについても検察がセウォル号事件当時の機務司令官を捜査したが、実態は家族を保護する活動を行ったことが判明しただけだった。しかし、検察は様々な別件捜査を続け、自尊心を傷つけられた李載壽元機務司令官が十二月七日自殺した。軍内のスパイ捜査機関である機務司令部もがたがたになってしまった。

「反日従北民族主義」こそがすべての元凶

このように、裁判所の左翼革命のみならず、情報機関、軍の左翼革命化も着々と進んでいるのだ。こうした左翼革命の背後には何があるのかをわれわれ日本人はなかなか理解できないでいる。

なぜ、ほぼ先進国の隊列に加わった韓国で、こんな時代錯誤ともいうべき「左翼革命」が起きているのか。その謎を理解する鍵は、一九八〇年代以降、韓国で急速に拡散した「反日従北民族主義」に立脚した「反韓史観」である。それを要約すると以下のようになる。

〈韓国は生まれた時から汚れた存在だった。建国大統領の李承晩は独立運動家だったとされているが、彼は米国で外交活動ばかりやっていて銃一発も撃っていない。李承晩は日本の植民地支配に協力した民族の裏切り者である「親日派」の処断を曖昧にして、むしろ官僚、軍人、警察などの政権幹部として登用した。親日派を処断するために設置された「反民族行為特別調査委員会（反民特委）」も李政権の圧力で満足な活動が出来なかった。

軍事クーデタで政権に就いた朴正熙は、日本の傀儡《かいらい》だった満洲国の士官学校を出て日本の陸軍士官学校に進み、満洲国軍軍人となった代表的「親日派」だ。朴正熙が戒厳令を敷いて強行した日韓国交正常化では、慰安婦や徴用工などの過去清算がきちんとなされなかった。「親日派」は、「親米派」「反共派」「経済開発勢力」に変身

して社会の中心に居座り、甘い汁を吸い続けた〉

ここまでが、韓国で公に論じられている内容だ。そして、その延長線上で北朝鮮についていては以下のような認識が広がっていった。この部分は通常、公然とは語られないが、内心の思いとして共有されている。

〈一方、北朝鮮の金日成は満洲で武装抗日闘争を行った。解放後、北朝鮮では「親日派」は徹底的に処断された。財産没収も行われた。その後、ソ連や中国に対しても自主を貫き、外国軍隊の駐屯を許していない。米国帝国主義の圧殺政策のため、経済面では遅れている部分があるかもしれないが、民族主義の観点からすると正統性は北朝鮮にある〉

文在寅大統領も確実にこの歴史観の持ち主だ。文在寅大統領は二〇一七年初め、大統領選挙前に出した本（『大韓民国が尋ねる、完全に新しい国、文在寅が答える』（未訳。岩波書店から二〇一八年に上梓された『運命　文在寅自伝』とは異なる）の中で、自分が政権を取ったら親日派を清算し、韓国の主流勢力を交代させるとして、次のように語っている。

〈光復《こうふく》（日本統治からの解放を意味する。西岡補）以後、親日清算がきちんとできなかったことが今まで続いています。親日派は独裁と官治経済、政経癒着に引き継がれたので、親日清算、歴史交代が必ずなければなりません。歴史を失えばその根を失うことにほかなりません。必ずしなければならない歴史的運命です〉

〈一番強く言いたいことは、わが国の政治の主流勢力を交代させなければならないという歴史の当為性だ。そのように語りたいのだが、それは国民が心情的にもっとも望んでいるとしても少し嫌がる部分でしょう。だから、大清算、大改造、世代交代、歴史交代、そのような表現を使っています。

既存のわが国の政治主流勢力が作ってきた古い体制、古い秩序、古い政治文化、このようなものに対する大清算、そしてその後に新しい民主体制への交代が必要だと考えます〉

大統領就任後もその歴史観には変化がない。「積弊清算」の名の下に行われている保守派叩きは、「親日派」清算作業の一環なのだ。そのことは二〇一八年八月十五日の文在寅大統領演説でもはっきり表れていた。演説の中で文大統領は、「光復」は外から与えられたものではなく韓国人が闘い勝ち取った結果だと次のように語った。

〈親日の歴史は決して私たちの歴史の主流ではありませんでした。わが国民の独立運動は世界のどの国よりも熾烈《しれつ》でした。光復は決して外から与えられたものではありません。先烈たちが死を恐れず共に闘い勝ち取った結果でした。すべての国民が等しく力を合わせ成し遂げた光復でした（傍線西岡、以下同）〉

この部分について、日韓の何人かの論者が「歴史的事実を踏まえていない」と、批判している。日本と実際に戦って勝利した経験がないので、観念の世界で自己満足している、という分析がなされている。しかし、私はこの表現の冒頭におかれた「親日の歴史は決して私たちの歴史の主流ではありませんでした」という文に「反韓史観」の影響を見る。

韓国人の大部分が日本の支配に熾烈に抵抗し、その闘いによって解放を勝ち取ったとするには、当時、日本に協力した「親日派は歴史の主流ではない」と断言せざるを得ないのだ。そして、この「親日派は歴史の主流ではない」という概念は、解放後の歴史で「親日派」が主流勢力として生き残ってしまったから、今からその勢力をパージしなければならないという「反韓史観」につながるのだ。

いまや、「反韓史観」が跋扈《ばっこ》している韓国では日本を擁護したり、韓国の反日論の間違いを指摘することはもちろん、日本について客観的に論じることも一種のタブーとなっている。大統領就任以前は露骨な反日感情を表に表すことがなかった朴槿惠前大統領が、就任直後から三年間、激しい反日政策をとった理由も「反韓史観」が韓国社会を支配しているからなのだ。同史観の一番のターゲットに、父である朴正熙元大統領が挙げられ、自身も「親日派の娘」と誹謗される中、きちんと反論して父の名誉を守ることをせず、逆に迎合してしまったのだ。そこに彼女の弱さがあった。

ところが、文政権が「反韓史観」を基礎とする保守派パージを、これまで見てきたように、ますます強引に進める中、「韓国の反日は差別主義である、それを是正しないと韓国の未来はない」という正論を主張する保守リーダーが出てきた。彼らの共通項は韓国の反日を「人種主義《レイシズム》」であるとしている点だ。

「階級的反日人種主義」はナチスより酷い

まず、韓国保守言論人を代表する趙甲済氏は、北朝鮮の独裁政権とそれを支持する韓国内の親北左派の両者の理念について、人類史上最悪の「階級的人種主義」だと批判し、その中で南北両方の反日を人種主義だと断定している。

〈民族、民主を看板として掲げた韓国の自称進歩勢力、すなわち左派は、民族共倒れの核兵器と北朝鮮同胞人権弾圧という北朝鮮金日成勢力の反民族、反民主的犯罪行為に目を閉じる。

その一方で米国と日本のそれより小さい犯罪に対しては糾弾してはばからない。作戦中の米軍装甲車が女子中学生をひき殺した事件と、日本の従軍慰安婦問題に対する執拗《しつよう》な攻撃がその例だ。

こういう両面性はどこからくるのか。彼らが話す民族主義は人種主義であるという証拠だ。同族は無条件でかばって、他民族〈特に米国と日本人〉は無条件で攻撃する姿勢は排他的民族主義、すなわち人種主義だ〉(「人類歴史上最悪の理念は南北韓左翼の『階級的人種主義』」趙甲済ドットコム二〇一八年九月一日)

趙甲済氏が主宰するネットニュースではより明快に、反日人種主義を批判する論考もアップされている。

〈特定国を狙った韓国の人種主義が病的様相を帯びている。「反日感情」、「民族感情」、「国民感情」などもっともらしい表現で包装だけした今日の韓国の日本に対する態度は、世界で類例を探してみるのが難しい程に、非常に悪意のある人種主義にほかならない。韓国人自らだけが、これに対する自覚がないだけだ。自覚がないからますます症状は激しくなる。韓国の対日人種主義が病的段階に来ていることを示す証拠はとても多い〉〈韓国人は普段、韓国自身はもちろん地球上どこの国も決して達成できない最高水準の道徳性の完ぺきさを唯一日本にだけ強要する傾向がある。そして、日本がこの基準（誰も到達できない最高水準の道徳性）に至らなければ韓国は日本に向かって毒舌を浴びせて憎悪する（偽善的）場合が少なくない。これは、反日感情、民族感情、国民感情次元の問題でなく、事実上人種主義（人種差別主義）の問題に該当する。今日韓国が見せるこのような時代錯誤的であり前近代的な「対日人種主義」こそ、積弊の中の積弊に該当するだろう。韓国人のこのような病的反日が持続する限り、韓国人は永遠に「井の中のかわず」の境遇であり、永遠に前近代的「人種主義者」として生きていくほかはない〉（ボンドビルド「病的段階に到達した韓国の『対日人種主義』」同前二〇一八年六月三十日）

ある意味で、ユダヤ虐殺をしたナチスよりも酷い偏見故の反日主義ともいえようか。

韓国の近代経済学界の泰斗《たいと》である李栄薫・前ソウル大学教授もこの論陣に加わっている。

〈今日の韓国を築き上げた最も重要な出来事は、韓日国交正常化とそれに続く輸出主導の工業化政策だったと思います。それ以前は、輸出を通じて国家経済を建設するというそんな発想はありませんでしたからね。輸出が重要だとは認識していたし、ドルが不足しているから、輸出を通じてドルを稼ごうという考えは、自由党政府の時からありました。輸出計画も作りました。一九六五年、「輸出立国」をスローガンに掲げ、輸出そのものを動力として国家経済を建設する方針が打ち出されたのです。それまで、後進国が輸出を通じて経済を建設するという考えは、他の国にも前例がありませんでした〉

〈輸出を通じて国家経済を建設することが可能になった理由は、日本との国交正常化を通して高級素材や中間材、それに技術が入ってきたためです。日本からそれらを導入したので、国際市場で売れるものを生産できたのです。つまり、日本との協力関係を通してのみ輸出主導の工業化が可能だったということです。韓日国交正常化を通じて輸出主導の工業化が可能になり、市場環境と国際環境が創出されました。それが八〇年代まで続きます。

韓国を取り巻く国際環境を積極的に友好的なものに変え、それを活用しながら輸出主導型へと国家経済を高度化させていった、それが韓国人の創造的な国家革新体制です。これは今日の韓国を築いた最も重要な原理です。（略）このような状況なのに、日本との協力関係を意図的に中断し、葛藤を増幅させる政策をとる、こういう精神状態が最大の問題です。建国七十年を迎えて、そういう点を、われわれは一日も早く克服すべきで、それが当面の最も重要な課題だと思います〉

〈韓国の民族主義はまともな民族主義ではありません。反日種族主義です。（略）韓国の民族主義は、健全な意味で国民を一つに統合し共和主義と民主主義を成熟させるような民族主義ではなく、本質的に反日種族主義と言えます。大きな国、米国や中国に対しては非常に従属的で、依然として事大主義的です。

これが韓国の政治、社会、文化、経済のくびを絞めている核心的な部分だと思います。これを突破、打破しなければ、韓国は再び歴史の舞台から周辺部へ落ちると思います。

今の従北主義とか、あらゆる問題の原因が反日種族主義にあり、この反日種族主義をいまだ打破できずにいるのが、建国七十年を暗くする最も重要な要因だと私は考えています〉（「反日種族主義を克服せよ」『統一日報』二〇一八年八月十五日）

李教授は、すでに一年前の二〇一七年八月二十二日号の韓国の保守系週刊誌『未来韓国』（ネット版）で次のように語っていた。

〈韓国民族主義の種族的特質は端的に言って、反日敵対感情と仇敵意識に基づいています。中国に対してはそういう意識がなかったり、あるいはとても弱いです。多分に偏向した国際感覚です。その点をより露骨に表現すれば前近代的な部族主義とも言うことができます。韓国民族主義の部族主義的特質は近代ないしは近代的個人の欠如と密接に関係しています。

私は韓国の反日部族主義が時間が過ぎれば解消していくだろうと楽観していました。ところでこれまで三十年間の歴史を振り返ってみればそうではないようです。反日部族主義はますます強化される傾向です。新しい部族主義的象徴を絶えず開発して日本との緊張関係を深化させています。

日本との関係正常化は最初から不可能であり、不必要でもあるという立場のようです。日本の歴史と現実に対する客観的理解が否定されています。一方的な怒りと罵倒、批判がほとんど全部です。慰安婦問題において良い例を探すことができるのですが、私が知る限りその問題に科学的に接近した国内の研究者は一人もいないと言ってもよい実情です。およそ二人の研究者がいるが、日本側研究をひっくり返して解釈したり文芸批評の水準に留まっています。

慰安婦問題に関する限り韓国の政治と一般国民の意識はますます強硬一辺倒に流れています。日本政府が二回ほど謝ったが、聞いた素振りもしなくなっています。私は韓国人のますます強くなる反日部族主義、それが土台にする歴史意識、現実認識、国際感覚をこのまま放置すれば、この国は再び亡国の危機に陥ると考えています〉

以上に見てきたような冷静な日本観が韓国社会でどれほど広まるのか。言い換えれば、「反韓史観」がいつまで気勢をふるうのかという点に、韓国が文明国として生き残れるか、全体主義国に転落するかを分ける鍵があるといえよう。

しかし、「歴史観」のみならず、国家のバックボーンである「軍事力」「情報力（インテリジェンス）」の解体がいま文在寅政権下で急速に勧められている。次にそれを見てみよう。

ポンペオ国務長官を激怒させた合意文書

二〇一八年十一月一日から効力を発揮している「軍事合意文書（歴史的な『板門店宣言』履行のための軍事分野合意書）二〇一八年九月十九日平壌」に対する批判が韓国内で一部からとはいえ高まっている。同合意書は、九月の平壌での南北首脳会談の際、韓国の国防相（宋永武）と北朝鮮の人民武力相（努光鉄）が署名したものだ。

文在寅政権は戦争をしてもいないのに降伏文書に署名したと、韓国軍元高官や韓国保守リーダーらから非難されている。米国のポンペオ国務長官も二〇一八年九月末、康京和外相に電話で「一体何を考えているのか」と激怒したと報じられた。日本ではあまり報じられていない、この軍事合意書の危険性について指摘しておきたい。

合意書は、前文として、北と南は、朝鮮半島での軍事的な緊張状態を緩和し、信頼を構築することが恒久的で強固な平和を保障することにおいて必須的であるという共通の認識に基づき、「朝鮮半島の平和と繁栄、統一のための板門店宣言」を軍事的に徹底して履行するために次のように包括的に合意した」と述べ、以下の六項目を挙げている。

(1)北と南は、地上と海上、空中をはじめとする全ての空間で、軍事的緊張と衝突の根源となる、相手方に対する一切の敵対行為を全面中止することにした。

①双方は、地上と海上、空中をはじめとする全ての空間で、武力衝突を防止するために多様な対策を講究した。

双方は、軍事的衝突を引き起こす可能性がある全ての問題を平和的な方法で協議・解決し、いかなる場合にも武力を使用しないことにした。

双方は、いかなる手段と方法でも、相手方の管轄区域を侵入もしくは攻撃したり、占領する行為を行わないことにした。

双方は、相手方を狙った大規模な軍事訓練および武力増強問題、多様な形態の封鎖・遮断および航行妨害の問題、相手方に対する偵察行為の中止問題などに対し、「南北軍事共同委員会」を稼働させ協議することにした。

双方は、軍事的緊張の解消及び信頼構築に従い、段階的な軍縮を実現していくことに合意した「板門店宣言」を具現するため、これに関連する多様な対策を続けて協議することにした。

②双方は、二〇一八年十一月一日より軍事境界線一帯で相手方を狙った各種の軍事演習を中止することにした。

地上では、軍事境界線より五キロ以内で砲兵射撃訓練および連隊級以上の野外機動訓練を全面中止することにした。

海上では、西海にある南側の徳積島以北から北側の椒島以南までの水域、東海の南側の束草以北から北側の通川以南までの水域で、砲射撃及び海上機動訓練を中止し、海岸砲と艦砲の砲口・砲身のカバー設置および砲門閉鎖措置を採ることにした。

空中では、軍事境界線の東・西部地域上空に設定された飛行禁止区域内で、固定翼航空機の空対地誘導武器射撃など実弾射撃を伴う戦術訓練を禁止することにした。

③双方は、二〇一八年十一月一日より、軍事境界線の上空から全ての機種の飛行禁

止区域を次のように設定することにした。固定翼航空機は軍事境界線から東部地域（軍事境界線標識物第〇六四六号から第一二九二号までの区間）は四十キロ、西部地域（軍事境界線標識物第〇〇〇一号から第〇六四六号までの区間）は二十キロを適用し、飛行禁止区域を設定する。

回転翼航空機は軍事境界線から十キロに、無人機は東部地域から十五キロ、西部地域から十キロに、気球は二十五キロを適用する。しかし、山火事鎮火、地・海上遭難救助、患者後送、気象観測、営農支援などで飛行機運用が必要な場合には、相手方に事前に通報し飛行できるようにする。民間旅客機（貨物機含む）に対しては上記の飛行禁止区域を適用しない。

④双方は、地上と海上、空中をはじめとする全ての空間で、いかなる場合にも偶発的な武力衝突状況が発生しないように対策を採ることにした。

このために地上と海上では、警告放送→二次警告放送→警告射撃→二次警告射撃→軍事的措置の五つの段階で、空中では、警告交信および信号→遮断飛行→警告射撃→軍事的措置の四つの段階の手続きを適用することにした。双方は、修正した手続きを二〇一八年十一月一日から試行することにした。

⑤双方は、地上と海上、空中をはじめとする全ての空間で、いかなる場合にも偶発的衝突が発生しないように常時連絡体系を稼働させ、非正常的な状況が発生する場合、即時に通告するなど全ての軍事的問題を平和的に協議し解決していくことにした。

(2)北と南は、非武装地帯を平和地帯に作っていく為の実質的な軍事的対策を講究することにした。

①双方は、非武装地帯内の監視哨所（GP）を全て撤収するための試験的措置として、相互一キロ以内に近接している南北監視哨所を完全に撤収することにした。

②双方は、板門店共同警備区域を非武装化することにした。

③双方は、非武装地帯内で試験的な南北共同遺骸発掘を行うことにした。

④双方は、非武装地帯内の歴史遺跡に対する共同調査及び発掘に関連する軍事的な保障対策を、引き続き協議することにした。

(3)北と南は、西海北方限界線一帯を平和水域に作り上げ、偶発的な軍事的衝突を防ぎ、安全な漁撈活動を保障するための軍事的な対策を採ることにした。

①双方は、二〇〇四年六月四日第二次南北将官級軍事会談で署名した、「西海海上

での偶発的衝突防止」関連合意を再確認し、全面的に復元・履行していくことにした。

②双方は、西海海上で平和水域と試験的な共同漁撈区域を設定することにした。

③双方は、平和水域と試験的な共同漁撈区域に出入りする人員及び船舶に対する安全を、徹底して保障することにした。

④双方は、平和水域と試験的な共同漁撈区域内で、違法漁撈の遮断及び南北漁民の安全な漁撈活動の保障のために、南北共同巡察方案を作り施行することにした。

(4)北と南は、交流協力及び接触・往来の活性化に必要な軍事的保障対策を講究することにした。

①双方は、南北管理区域での通行・通信・通関（三通）を軍事的に保障するための対策を立てることにした。

②双方は、東・西海線の鉄道・道路連結と現代化のための軍事的保障対策を講究することにした。

③双方は、北側船舶の海州直航路の利用と済州海峡の通過問題などを、南北軍事共同委員会で協議し、対策を立てることにした。

④双方は、漢江（臨津江）河口の共同利用のための軍事的な保障対策を講究することにした。

(5)北と南は、相互軍事的信頼構築のための多様な措置を講究していくことにした。

①双方は、南北軍事当局者間に直通電話の設置および運用問題を継続的に協議していくことにした。

②双方は、南北軍事共同委員会の構成および運営に関連する問題を、具体的に協議・解決していくことにした。

③双方は、南北軍事当局間で採択した全ての合意を徹底して履行し、その履行状態を定期的に点検・評価していくことにした。

この合意書は双方が署名し、各自が発効に必要な手続きを経て、その文本を交換する日から効力が発生する。

①合意書は、双方の合意に従い修正及び補充することができる。

②合意書は2部作成され、同じ効力を持つ。二〇一八年九月十九日（以下略）

出典：コリアン・ポリティクス（The Korean Politics）（https://www.thekoreanpolitics.com）

北朝鮮軍が合意を守る保証はない

ここでは⑴を中心に検討する。⑴は十一月一日から実行されてしまい、その上最も危険な要素を含んでいるからだ。

〈⑴北と南は地上と海上、空中をはじめとする全ての空間で軍事的緊張と衝突の根源となる、相手方に対する一切の敵対行為を全面中止することにした〉

まず、このように高らかに「敵対行為の全面中止」を宣言して、そのために①から⑤まで具体的に合意をした。①では総論的に「武力不使用、侵入・攻撃・占領の禁止」を定めた。

〈①双方は地上と海上、空中をはじめとする全ての空間で武力衝突を防止するために多様な対策を講究した。

双方は軍事的衝突を引き起こす可能性がある全ての問題を平和的な方法で協議・解決し、いかなる場合にも武力を使用しないことにした。

双方はいかなる手段と方法でも相手方の管轄区域を侵入もしくは攻撃したり、占領する行為を行わないことにした。（後略）〉

この合意を本当に北朝鮮軍が守るのか、その保証はない。たとえば、二〇一〇年三月、北朝鮮は韓国海軍哨戒艦「天安」を潜水艦から発射した魚雷で爆沈させ、四十六名の韓国軍軍人が犠牲となった。天安艦爆沈に抗議して当時の李明博政権は五月に北朝鮮との交易を全面禁止するなどの制裁措置を断行した。北朝鮮が爆沈を自分たちの蛮行だと認めないため制裁は今も続いている。

あるいは同じ年、十一月には黄海側で北朝鮮に最も近い韓国の五つの島（韓国では「西海五島」と呼ぶ）の一つである延坪島《ヨンピョンド》に北朝鮮が砲撃を加え、海兵隊員二名、民間人二名が死亡し民家などが焼けた。この砲撃は金正恩が指揮したと、二〇一二年二月十六日の北朝鮮の『労働新聞』が伝えた。これらと同じことが起きないという保証はない。

不公平な演習禁止区域

②は陸上、海上、空中における軍事演習の中止だ。

〈②双方は二〇一八年十一月一日より軍事境界線一帯で相手方を狙った各種の軍事演習を中止することにした。地上では軍事境界線より五キロ以内で砲兵射撃訓練および連隊級以上の野外機動訓練を全面中止することにした。海上では西海（黄海）にある南側の徳積《トクチユク》島《ト》以北から、北側の椒《チヨ》島《ド》以南までの水域、東海（日本海）の南側の束草《ソクチヨ》以北から北側の通川《トンチヨン》以南までの水域で、砲射撃および海上機動訓練を中止し、海岸砲と艦砲の砲口・砲身のカバー設置および砲門閉鎖措置を採ることにした。

空中では軍事境界線の東・西部地域上空に設定された飛行禁止区域内で、固定翼

航空機の空対地誘導武器射撃など実弾射撃を伴う戦術訓練を禁止することにした〉

ここで一番の問題は海上だ。実は海上には陸上とは違って休戦協定に基づくラインはない。それにかわって、国連軍側が一方的に引いたNLL(北方限界線)がある。朝鮮戦争休戦時、半島近海の制海権は国連軍が握っていた。黄海でも日本海でも北朝鮮側の海まで自由に戦艦が動けた。しかし、休戦後は衝突を避けるため自主的に南に下がって線を引き、通常は軍艦や飛行機がその線を越えないようにした。黄海では二〇一〇年に砲撃された延坪島など五つの島が陸の休戦ラインの延長線より北に位置し、それらを守るためNLLは北朝鮮側にかなり食い込んでいる。

ところが合意書で定められた海上演習禁止区域は南の方がより広くて、その分だけ軍事上、危険性が増す。すなわち、黄海はNLLを基準に南北直線で韓国側の起点の徳積島まで八十五キロだが、北朝鮮側の椒島までは五十キロだ。日本海は韓国側の束草までは四十七キロ、北朝鮮側の通川までは三十三キロだ。韓国側がはるかに広い海を譲歩している。

それだけでなく、北朝鮮軍は椒島付近近江では元々海上演習をしていないから損害はない。また「西海五島」は北朝鮮の陸地と近接しているため北朝鮮軍は海岸砲を使わずとも五島を砲撃できる。延坪島砲撃のときも海岸砲でなく後方の野砲が使われた。一方、五島を守る韓国側は海上と島での砲撃演習が出来ないことは致命的だ。その上、「海岸砲と艦砲の砲口・砲身のカバー設置および砲門閉鎖措置を採る」ならば、奇襲砲撃されたときに対応が困難となりかねない。

まるで北朝鮮に対する「降伏文書並み」ではないか

⑴の③に進もう。これが今回の合意で最も危険な部分といえる飛行禁止区域の設定だ。通常、飛行禁止区域設定は敗戦国に対して強要されるものだ。例えば、湾岸戦争で負けたイラクは自国内に飛行禁止区域を設定された。

〈③双方は二〇一八年十一月一日より、軍事境界線の上空から全ての機種の飛行禁止区域を次のように設定することにした。

固定翼航空機は軍事境界線から東部地域〈軍事境界線標識物第〇六四六号から第一

二九二号までの区間）は四十キロメートル、西部地域（軍事境界線標識物第〇〇〇一から第〇六四六号までの区間）は二十キロメートルを適用し、飛行禁止区域を設定する。

回転翼航空機は軍事境界線から十キロメートルに、無人機は東部地域から十五キロメートル、西部地域から十キロメートルに、気球は二十五キロメートルを適用する。（後略）〉

この項目に対して韓国軍の退役将軍らは「降伏文書並み」だと強く危険性を告発している。

その代表的な人物が申元植将軍だ。申将軍は陸軍中将で、陸軍三師団長、首都防衛司令官、合同参謀本部作戦本部長、合同参謀本部次長など軍中枢の要職を歴任した軍人だ。申将軍は韓国紙『文化日報』九月二十一日付で「北朝鮮軍が戦略上の弱点として要求し続けてきた『射撃・飛行禁止区域設定』を一〇〇％受容し韓国軍が大韓民国防衛をまともにできなくさせた、ほとんど降伏文書に近い決定だ」として次のように語った。

〈北朝鮮軍は在来式戦力において、兵力・兵器の側面で韓国軍に比べて二～三倍多い量的優位にある。韓国軍は質的優位で戦力均衡を図ってきた。韓国軍の優秀な監視偵察と精密打撃の能力が北朝鮮軍の量的優位を相殺する手段だ。この手段の核心を作戦現場で運用できないようにマヒさせるのがまさに飛行禁止区域設定だ〉

韓国にとって大きな脅威は北朝鮮が持つ千百門の長射程砲だ。そのうち、二百四十ミリメートル放射砲（多連装ロケット）二百五十門、百七十ミリメートル自走砲百門が前方配置され、直接首都圏を狙っている。通常はトンネルなどに隠れている。有事になればこれら長射程砲は一時間当たり最大で一万六千発の砲弾を首都圏に浴びせ、百九十平方キロの面積を焦土化することが可能だ。これが北朝鮮軍の量的優位だ。

それに対して、韓米両軍は、K-9自走砲、MLRS（多連装ロケット）、統合直接攻撃弾（JDAM）などで北朝鮮の長射程砲を開戦初日に無力化させる計画だ。しかし、長射程砲による奇襲から完全な無力化までには少なくとも数時間かかり、韓国側の被害は避けられない。だからこそ、米韓軍はトンネルなどから射程砲が出てくる兆候を監視偵察し、敵が攻撃する前に精密打撃することを目標としてきた。合意によっていかに監視偵察が困難になるかについて中将軍はこう語る。

〈今回の合意書で休戦ラインを基準に南北がそれぞれ西部で二十キロ、東部で四十キロまで戦闘機、偵察機などに対する飛行禁止区域を設定したことは意味重大だ。偵察飛行は前方部隊の軍団級以下、師団、連隊、大隊級の部隊が北朝鮮軍の動向を監視する核心戦力であるが、今後、北朝鮮の長射程砲がトンネルからいつ出てきて射撃をするのか、北朝鮮軍がどのように前方配置され移動するかが分からなくなった。韓国軍は前方地域情報力で「真っ暗闇の軍」になってしまった〉

軍事専門家は無人機の飛行が禁止されたことの重大性を指摘する。無人機は西部で十キロ、東部で十五キロが飛行禁止区域とされた。韓国軍は現在、主として無人偵察機で北朝鮮軍を監視しているからだ。師団・軍団の無人偵察機は北朝鮮軍の前方の長射程砲配備をはじめとする軍事活動を一日に何度か偵察している。また、近年はドローンを使う偵察も活発に行ってきたが、それも無人機に含まれるとして前線での活用が不可能になる。前線で無人偵察機やドローンの飛行が禁止されれば韓国軍は北側の動きを監視できなくなる。

先に見た合意書の(1)の①で約束した「武力不使用、侵入・攻撃・占領の禁止」を北朝鮮が守るかどうかを監視するためにも偵察飛行は絶対に必要なものだ。通常、軍縮協定を締結する場合は、相互に偵察を認め合って協定遵守を確認し合う仕組みを作る。ところが、今回の合意では武力不使用を約束し合いながら、それを監視する偵察飛行を禁止してしまった。なお、北朝鮮の空軍はソ連製の老朽化した飛行機しか持たず、空中偵察能力は韓国と比べられないほど弱体だ。したがって、合意によって韓国のみが一方的に損害を受ける。

その上、敵の長距離砲などを精密打撃する能力も合意によって著しく低下するという。中将軍はこう語る。

〈北朝鮮軍が威嚇的な行動をとると把握できれば打撃しなければならない。ところが監視ができないと打撃自体が不可能になる。韓国軍は砲兵や地上戦力は劣勢だが空軍戦力は優勢だ。戦闘機による近接空対地攻撃ができる限界値が二十キロの距離だ。

空対地戦力には核心軍事標的を精密打撃する中長距離ミサイルとトンネルなど大きい構造物を打撃するレーザー誘導爆弾（LGB）がある。二千ポンド統合精密爆弾（JDAM）と五千ポンドバンカーバスターなど核心空軍誘導兵器は射程が二十キロ程度だ。

これらは監視偵察戦力の助けを受け長射程砲があるトンネル、北朝鮮軍の主要な指揮所、通信所、弾薬保存施設を打撃する兵器で北朝鮮軍が最も恐れる戦力だ。飛行禁止区域設定で今後この戦力が無力化される可能性がある。

北朝鮮軍が全く持っていない、北朝鮮軍の量的優位を相殺する韓国軍の比較優位戦力が飛行禁止区域設定により決定的なダメージを受ける。北朝鮮軍は今回の合意書に満足しているはずだ〉

「大坂の陣」で和議の条件として大坂城の堀を埋め立てたような愚

最後に(1)の④と⑤を見ておこう。

〈④双方は地上と海上、空中をはじめとする全ての空間でいかなる場合にも偶発的な武力衝突状況が発生しないように対策を採ることにした。

このために地上と海上では、警告放送→二次警告放送→警告射撃→二次警告射撃→軍事的措置の五つの段階で、空中では警告交信および信号→遮断飛行→警告射撃→軍事的措置の四つの段階の手続きを適用することにした。双方は修正した手続きを二〇一八年十一月一日から試行することにした〉

〈⑤双方は地上と海上、空中をはじめとする全ての空間で、いかなる場合にも偶発的衝突が発生しないように、常時連絡体系を稼働させ、非正常的な状況が発生する場合、即時に通告するなど全ての軍事的問題を平和的に協議し、解決していくことにした〉

ここで問題は④の武力衝突回避対策だ。地上と海上での五段階、空中での四段階を北朝鮮軍が守るという保証があるのか。韓国軍だけがこれを守っていたら奇襲攻撃にあって多大な損害を受けかねない。

以上見てきたように合意書は、韓国の一方的な武装解除とでもいうべきものだ。合意書の正式名称は「歴史的な『板門店宣言』履行のための軍事分野合意書」だ。板門店宣言では「両首脳は、朝鮮半島にもはや戦争はなく、新たな平和の時代が開かれたことを八千万のわが同胞と全世界に厳粛に宣言した」とされている。その精神に基づけば武装解除してもおかしくないことになる。

ついに退役将軍らが立ち上がった。二〇一八年十一月二十一日、退役将軍らが軍事合意の危険性を指摘する「国民大討論会」を開いた。李相薫、權寧海、金泰栄をはじめとする九人の元国防長官や参謀総長出身の二十人をはじめとする四百十五人の退役将軍らが「安保を心配する退役将軍一同」という組織を作り、文政権の安保政策を公然と批判し始めたのだ。

李相薫元国防長官・元在郷軍人会会長は基調演説で「南北軍事分野合意書は、韓国の軍事力だけが崩壊する国家的わざわい」「第一条第一項を実践すれば、韓国軍は訓練もしない烏合の衆になる」「韓米連合防衛体制は崩壊し、今後韓国軍の軍事力が弱体化する状況が来る」「第二条の『平和水域の設定』は、事実上、西海の北方限界線（NLL）を無効化する詐術的な措置で、西海の平和水域は、瞬く間に紛争地域になり得る」「軍事合意書は、韓国の軍事力のみが崩壊する措置で、韓国の国家崩壊を意味する」と強調した。

参加者は決議文で「9・19南北軍事合意の履行を直ちに中止させるために予備役将軍たちは今後すべての努力を傾ける。現在の進行している対話・協力局面は共産化統一・連邦制統一をたくらむ偽装平和攻勢であるという深い疑問を捨てることができず、共産統一を指向する南北共助行為は絶対に座視せず徹底的に遮断する」と誓った。

未だ北朝鮮が核ミサイルの放棄さえも実行しておらず、通常兵力の削減はまったくしていないのに、韓国だけが次々武装解除していく姿は、大坂の陣で豊臣方が和議の条件として大坂城の堀を埋め立てさせられたことを想起させる。いや、豊臣方は冬の陣で負けた結果、堀を埋めたのだ。文在寅政権の韓国は、一体どの戦に負けたのだろうか。

第五章

日本の敵・文在寅は「文化大革命」を夢見る

文在寅とは何者か

本章では文在寅がどのような歴史観の持主で、どんな政治的見解を主張しているのかを改めて詳細に報告し、韓国がなぜここまでおかしくなってしまったのかを検証したい。彼と彼を支援する左派政治勢力がいかに、韓国内で増殖し、自由民主主義を破壊しているのか。他山の石として、われわれ日本人も注視しておく必要がある。「明日は我が身」かもしれないからだ。

文在寅は二〇一七年一月、大統領選挙に向けて『大韓民国が尋ねる、完全に新しい国、文在寅が答える』という単行本を出版した。同書は発売後、ベストセラーとなって書店でしばし山積みにされた。三百六十頁の厚い本だが、書き下ろしではなく、文在寅の支持者である作家の質問に文が答える形式だ。まず、第四章でもこの本に少し触れたが、同書をもとに、文在寅の思想・信条を読み解いていこう。

文在寅は一九五三年韓国の南西に位置する慶尚南道巨済で生まれた。父は北朝鮮の咸鏡南道出身で日本統治時代に咸興農業高校を出て興南市役所で地方公務員生活をしていた。朝鮮戦争中の一九五〇年十二月、米軍の興南撤収作戦で韓国に避難した。中共軍の介入で、撤退する米海軍は興南港に集まっていた避難民約十万人を百九十三隻の軍艦に乗せて韓国に脱出させた。米軍は軍艦に積んでいた武器、弾薬、車両などを放棄して乗せられる限りの避難民を乗せるという人道的作戦を行った。その避難民に中に文在寅の父と母も含まれていた。文の両親は巨済島に作られた避難民収容施設に入り、そこで文が生まれた。

彼は著書の中で、自分は共産主義から逃げて来た家族の息子だから従北だという批判はあたらないと主張している。しかし、北朝鮮に肉親を持つ者たちに対して、その肉親を人質に使って北朝鮮が工作を仕掛けることはよくあることだ。

たとえば、在日朝鮮人であった企業人の多くが、北朝鮮に工場などを建てたのもそのような工作の結果であり、現代財閥と大宇財閥が多額の対北投資を行った背景にもオーナーの肉親が北朝鮮にいた事情があった。現代の初代会長・鄭周永は、北朝鮮出身で肉親の多くが北朝鮮に住む。また、大宇の初代会長・金宇中は朝鮮戦争中に父と兄が拉致されており、北朝鮮が人質となっている兄を使って工作した疑いを持たれている。

文の場合も、父の兄弟はみな避難してきたが、母の兄弟は避難せず北朝鮮に残っている。二〇〇四年、盧武鉉政権下で市民社会首席秘書官だった文は、北朝鮮金剛山で実施された離散家族面会に母と共に参加し、叔母（母の妹）と面会した。この面会はさまざまな点で釈然とせず、北朝鮮と盧武鉉政権が秘密協議をしたのではないかと疑われている。

柳浩烈・高麗大学北韓学科教授（当時）は、「もし、北朝鮮側が文首席を大統領の最側近の実力者だと考えて叔母を探し出して、面会を斡旋したとしたらこれは対南工作だ。南側が先に文首席の家族を探してくれと、北側に非公式に要請したのなら大変なことで特恵だと言わざるをえない。北側の叔母は韓国避難後に生まれた文首席の顔も知らないのに、どうして面会申請名簿に文首席の名前が入ったのか疑わしい」と主張していた。

韓国政府は、離散家族面会申請者の中で高齢者を優先するという原則を決めている。趙甲済ドットコムの金泌材記者によると、文は申請書に自身の年齢を実際よりも二十三歳も上の七十四歳と虚偽記入していたという。

　文の家族は避難民収容所を出て釜山に移るが、父が商売に失敗し、文一家は極貧生活を送る。だが、文は勉強がよくできて当時の釜山の名門校だった慶南中学・高校を卒業し、一浪した後、一九七二年特待生として慶熙大学に入学した。七四年から朴正熙政権に反対する学生運動に加わり、七五年四月逮捕され、六月に懲役八カ月執行猶予一年の判決を受けた。

　大学を除籍となったため在学中の兵役猶予がなくなり、同年八月軍に入隊し特殊部隊である特戦司令部第一空挺部隊特戦旅団に配属される。彼は著書の中などで特戦司令部出身の自分が従北であるはずがないと主張しているが、配属は文が望んだ通りになったものではない。

　七八年に除隊した後、司法試験の準備をし、一度失敗した後、八〇年に合格する。同年、朴正熙大統領暗殺後のいわゆる「ソウルの春」で復学が認められて、慶熙大学を卒業した。同年五月、全斗煥将軍らが権力を握ると予備拘束で拘束され、司法試験の合格通知は留置場で受け取り、慶熙大学総長の身元保証により釈放された。

　司法修習後、釜山で盧武鉉といっしょに弁護士事務所を開き、労働争議や学生運動などの弁護に当たった。釜山米国文化院放火事件（一九八二年、釜山地域の大学生らが全斗煥軍部ファッショ政権を支える米国との戦いを宣言して、そのシンボルとして米国文化院に放火し、図書館で勉強していた韓国人大学生一名が死亡、三人が重軽傷を負った。それまでタブーだった反米運動がこの事件が契機となり活発化した）、東義大学事件（一九八九年、東義大学生が学内で機動隊員を拘束して暴行し、救出に来た警官隊七人に火炎瓶を投げて死亡させた事件）など過激な学生運動の弁護活動を担当した。後述の通り、八〇年代に入り韓国学生運動は急激に親北反米化する。少し上の世代の文は、八〇年代に弁護士として過激な活動家の弁護をする中で、その左翼思想を身につけていったのではないかと思われる。

親日派を「清算」すると明言

二〇〇二年、文は、盧武鉉の大統領選挙にあたり釜山地域の選挙運動の責任者となり、二〇〇三年盧武鉉政権成立後は、大統領首席秘書官、秘書室長として盧武鉉政権の反米親北政策を支えた。退任後、盧武鉉が不正疑惑で捜査を受け自殺すると葬儀委員長にもなった。その後、野党の国会議員となり、二〇一二年、大統領選挙に出馬して朴槿惠候補と激しく争い、四八％の得票を得たものの惜敗した。

以上の略歴から分かるのは、文が学生時代はそれほど過激な活動家ではなかったものの、弁護士になった一九八〇年代以降に従北左派となっていったと思われることだ。七〇年代の韓国の学生運動では親北反米はタブーだった。大多数は反共自由民主主義という枠組みの中で、朴正煕政権の民主主義制限を批判していた代物だった。学生運動に親北反米が急激に拡散するのは八〇年代からだ。

一方、北朝鮮は一九七〇年代まで対南工作において共産主義体制の優位性宣伝を中心においていた。一九六〇年代までは経済開発で韓国は大きく落後し、北朝鮮が優位に立っていたからその宣伝は一定の説得力を持っていた。

ところが、朴正煕政権時代に高度経済成長に成功した結果、南北の経済力は七〇年代はじめに逆転し、八〇年代になると大きな差がついた。そこで北朝鮮は共産主義理論の代わりに左傾民族主義を工作の中心にすえるようになる。そこで使われたのが反韓自虐史観である。私は機会あるごとに繰り返し紹介しているが、その歴史観を李榮薫ソウル大教授は以下のように要約している。

〈日本の植民地時代に民族の解放のために犠牲になった独立運動家たちが建国の主体になることができず、あろうことか、日本と結託して私腹を肥やした親日勢力がアメリカと結託し国をたてたせいで、民族の正気がかすんだのだ。民族の分断も親日勢力のせいだ。解放後、行き場のない親日勢力がアメリカにすり寄り、民族の分断を煽ったというのです。そのような反民族主義的な勢力を代表する政治家こそ、初代大統領の李承晩であるというのです。例えば、李承晩は親日勢力を断罪するために組織された反民族行為特別調査委員会（一九四八〜四九）の活動を強制的に中断させました。そうやって生き残った親日勢力が主体となって国家建設を行ったのだから、そんな国がうまくいくわけがない。今日までの六十年間の政治が混乱を極め、社会と経済が腐敗したのもすべてそのせいである〉（『大韓民国の物語』文藝春秋）

この歴史観に立つから、抗日武装闘争をした金日成が民族の英雄となり、朴槿惠前大統領の父親、朴正熙大統領は日本軍人出身だとして「親日勢力」の代表として非難されるのだ。北朝鮮は韓国を「植民地半封建社会」と規定し、まず米国帝国主義とそれに寄生する親日派勢力を打倒し、地主を追い出して農民を解放し、その後、社会主義革命を行うという二段階革命論をとってきた。まさにこの歴史観と同じ立場だ。

この歴史観が急速に広まったのは、七九年から八九年にかけてシリーズで刊行された『解放前後史の認識』という六巻の本の影響が大きい。合わせて百万部近く売れたというこの本は八〇年代九〇年代に大学に通ったほぼ全ての大学生が読んだと言われている。盧武鉉も文といっしょに弁護士事務所を開いた八〇年代、この本を読み、雷に打たれたような衝撃を受けたという。文も同じ経験をしたはずだ。

文は、著書で繰り返し「自分が政権をとったら親日派を清算する。韓国の主流勢力を交代させる」と書いている。まさに反韓自虐史観そのままの主張だ。その部分を拙訳で引用しよう。

〈光復以後、親日清算がきちんとできなかったことが今まで続いています。親日派は独裁と官治経済、政経癒着に引き継がれたので親日清算、歴史交代が必ずなければなりません。歴史を失えばその根を失うことと違うことはありません。必ずしな

ければならない歴史的運命です〉（六四頁）

〈国家のために献身すれば補償を受け、国家反逆者であればいつでも審判を受ける国家の正直さが回復されなければなりません。誠実に努力すれば良い暮らしが出来る、このような常識が基礎となる国を作らなければなりません。私たちはそれが出来る機会を二回ほど逃したと思います。一回は解放の時でした。解放の時、親日の歴史がしっかりと清算され、独立運動をした人と遺族たちにしっかりと補償してその精神を称えてはじめて社会正義が正しく立つのでした。

親日勢力が解放後にも依然として権力を握り、独裁勢力と安保を口実にしたニセ保守勢力は民主化以後も私たちの社会を支配し続け、その時その時化粧だけを変えたのです。親日から反共に、または産業化勢力に、地域主義を利用して保守という名に、これが本当に偽善的な虚偽勢力です。

もう一回の機会を逃したのは一九八七年六月抗争［大規模な街頭デモにより大統領直選制が実現］の時でした。それ以後、すぐに民主政府が樹立していればその時までの独裁やそれに追随した集団をしっかりと審判して軍部政権に抵抗して民主化のために努力した人々に名誉回復や補償をしたはずであり、常識的で健康な国になっていたはずです。しかし、盧泰愚政権ができて機会をまた逃したのです。私が前回の大統領選挙で国民成長ビジョンを提示して腐敗大掃除という表現を使ったではないですか。腐敗大掃除をしてその次に経済交代、世代交代、過去の古い秩序や体制、勢力に対する歴史交代をしなければならないのです。そのためには法的、制度的に根本的なシステムを備えなければなりません［傍線西岡、以下同］〉（六八頁）

法と制度を作って政治だけでなく経済においても、それ以外の領域でも古い世代を全部追いだし、過去の秩序と体制を交代させるというのだ。恐ろしい革命思想だ。ロシア革命をやったあとのレーニンやスターリンの思想そのものだ。さすがに彼らのように「処刑」を意味する「粛清」「清算」は行えないだろうが……。それだと抵抗があるから「大掃除」などの抽象的表現を使っていると率直に告白している。

〈一番強く言いたいことは、わが国の政治の主流勢力を交代させなければならないという歴史の当為性だ。そのように語りたいのだが、それは国民が心情的にもっとも望んでいるとしても少し嫌がる部分でしょう。だから、大清算、大改造、世代交代、歴史交代、そのような表現を使っています。既存のわが国の政治主流勢力が作ってきた旧体制、古い体制、古い秩序、古い政治文化、このようなものに対する大清算、そしてその後に新しい民主体制への交代が必要だと考えます〉（一一九頁）

そして恐ろしいのは、文がこの主張は「歴史の当為」「正義」であると無条件に断定していることだ。自分の主張が一〇〇％正しくて政敵は一〇〇％悪だと断定する全体主義的、非民主的な思考方式だ。政治家ではなく革命家の語り口だ。

〈私は基本的には正義や民主主義価値が正しく立てられる世の中にならなければならないと思います。それがうまくいかない理由は、私たちが彼らに一度もしっかりと責任を負わせたことがなかったのです。日帝強占期の親日派は解放後に彼らの親日行為に対する確実な審判を受けなければなりませんでした。ところが、そうでなくて解放以後にも独裁勢力にくっついてまた権力を握り良い暮らしを維持したではありませんか。民主化になったのならば独裁時代に享受した部分について代価を払わなければならないのに、依然として今日までの良い暮らしをしています。正義に対する私たちの社会の価値基準が無くなったのです〉（一六五～一六六頁）

盧武鉉政権時代、文のいうところの既得権勢力を清算するため「真実と和解委員会」が作られ、過去の親日行為、独裁行為などを裁こうとした。驚いたことに文は著書で同委員会が南アフリカのマンデラ大統領をモデルにしたと書いている。そして、南アフリカでは差別政策に加担した者が真実を告白したが、韓国の親日派、独裁勢力、既得権勢力の大部分は真実の告白をしなかったとして、南アフリカの旧白人政権よりも韓国の既得権勢力の方が不道徳で正義に反すると断じる。しかし、韓国でアパルトヘイトのような制度的な差別や虐殺は存在しなかった。これは大多数の韓国研究者、南アフリカ研究者が認める事実だ。その部分も引用しよう。

〈南アフリカでは拷問や虐殺や人権犯罪について公訴時効がありません。（略）そのような問題が発見されれば処罰が原則だが、彼らは真実を告白すれば免責されました。しかし、わが国では加害者が最後まで自分の過誤を認めず自分の行為を否定し

ました〉（二三七頁）

文が政権の座についたら日本統治時代に日本に協力した人間とその子孫、李承晩、朴正熙、全斗煥、盧泰愚政権時代、また、李明博、朴槿恵政権時代に、政権に加わったか協力した人間、それだけでなく、その時代に政治、経済、文化など全ての分野で活躍した人間を法的、制度的に裁き、良い暮らしを出来なくすると宣言しているとも読める。これは本当に恐ろしい革命家の語り口だ。

北朝鮮の人権侵害は批判せずサードミサイル配備には反対

そして、もう一つ文の著書の恐るべき特徴は、北朝鮮の世襲独裁体制とその下での人権侵害に対する批判がまったく存在しないということだ。李承晩や朴正熙が自由民主主義の一部を制限したことは事実だが、それは北朝鮮独裁政権の脅威から韓国の体制を守るための緊急避難的な側面が強いものだった。つまり、韓国の反共自由民主主義体制を守るためのものだった。

ところが、韓国の現代史を既得権勢力の不正義だと断定し、その革命的清算を繰り返し主張する文の三百六十頁にのぼる分厚い著書の中で、北朝鮮人権問題に触れたのは一カ所だけだ。それも、対談相手が文への質問の中で、既得権勢力による金大中、盧武鉉政権への不当な批判の例として言及しているだけで、文自身は本一冊分の長舌の中で「北朝鮮人権問題」という単語を一回も口にしていない。その部分を紹介する。

〈――金大中・盧武鉉政府が北朝鮮にカネをむやみに与えて北朝鮮の核開発に利用させたというような批判がありました。それによって北朝鮮の人権問題に取り組まなかったという批判も少なくなかったですね。

文在寅　そのようなやりかたで世論攻勢をしてきましたね。しかし、いまや過去十年間の政権［李明博・朴槿恵政権］が経済はもちろん、安保でも本当に無能だったことが多くの国民に知られるようになりました。少なくとも二十代から四十代までの世代はそのような主張を信じません。一部高年齢層の方がそのようなことを信じているが、そのような部分もだいぶ緩和されました。アカ狩りのようなものはもはや通用しないことが分かります。いまや国民はそのような考え方にとらわれてはいませ

ん〉（一九四頁）

ここまで見たように文は執拗に韓国の既得権勢力を批判し、大掃除、交代を主張してきた。しかし、北朝鮮の金一家三代世襲の独裁政権くらい、すさまじい「既得権」はないはずだが、それへの批判はまったくない。彼の視野から独裁政権に苦しめられている北朝鮮住民は完全に抜け落ちている。独裁は南にしかないと思い込んでいる。

深刻なのは、ここで文が語っているように、北朝鮮の人権問題に取り組まなかったという保守派からの正当な批判を、韓国の四十代以下の世代の多くは無視していることだ。彼らはみな、学校とマスコミから親北自虐史観を注入され、その呪縛から抜け出せないでいる。歴史認識を間違うと国家の根本が揺らぐという恐ろしい現実を、私はここに見る。

文は北朝鮮人権問題を無視しているだけでなく過去にその解決を阻害する行動をとった。盧武鉉政権末期、国連の北朝鮮人権決議案の採決前に北朝鮮に意見を求め、それにしたがって前年に賛成していた同決議採決を棄権させたのだ。

当時外交通商部長官だった宋旻淳の回顧録（『氷河は動く』二〇一六年）によると、政権内で決議に賛成するか棄権するか対立が起き、大統領秘書室長だった文在寅が、二〇〇七年十一月十六日に行われた会議で、南北秘密ルートで北朝鮮の意向を聞くという結論を出したという。外交政策について、それも北朝鮮人権問題で事前に北朝鮮に問い合わせをしたということで、文在寅は世論の批判を浴びたが、回顧録が出た直後に朴槿恵と崔順実のスキャンダルが浮上し、文への批判はあいまいなまま終わってしまった。

北朝鮮人権問題を語らないだけでなく文は北朝鮮労働者を低賃金で韓国企業が搾取《さくしゅ》することを対北政策の基礎にすえている。その部分を引用する。

〈私たちが資本力や技術力で優位に立って低廉で質の良い北朝鮮の労働力を結合させるので、当然北朝鮮が得る利益より私たちが大幅に多くの利益を得ます。開城工団だけでも北朝鮮の労働者が賃金を通じて得ている利益より、私たちが十倍以上の利得を得ています〉（一九一頁）

北朝鮮住民の人権を考えるのであれば、資本家が労働者に比べて十倍以上も利益を得る構造は搾取の極みであり、労働分配率を増やすことを考えるべきところだ。実は開城工団で操業する企業は赤字経営が多い。ただ赤字分を韓国政府が補填《ほほ》する仕組みがあるので、なんとか操業を続けていたのだ。そもそも、十倍の利得という主張自体が虚偽なのだ。また、北朝鮮労働者はドルで払われる自分の賃金を受け取ることが出来ず、北朝鮮当局が大部分を横取りしその残余分を北朝鮮通貨で受け取っている。「公正な分配」「同一労働同一賃金」を強調して財閥など経済における既得権勢力の交代を叫ぶ文だが、この矛盾には一切触れない。彼は北朝鮮当局による賃金横取りを一切問題にしない。彼が人権を保護しようとする対象に北朝鮮住民は入っていないのだ。

韓国の憲法では半島全体を韓国の国土とし、そこにすむ全住民を韓国国民と定めている。本来、韓国の大統領になれば、北朝鮮住民までも自国民として保護する責任があるのだ。ところが文は「北朝鮮の存在を認めるべきだということが基本的な考えですか」という対談者の質問に対して「当然です」と断言している(一九〇頁)。

また、文は統一へ至る道はまず経済統一で、その後、「いつになるか分からないが政治・軍事的統一の道が自然に開けるだろう」(一八三頁)と語る。また、「統一は結局資本主義体制での統一になるだろう」(二九頁)とも言っている。しかし、これらは有権者を欺く虚偽だ。なぜなら、彼は過去に金大中が金正日と合意した「低い段階の連邦制統一」を実現させると公言しているからだ。

前回の大統領選挙の四カ月前である二〇一二年八月、文は金大中死去三周年行事に出席して「低い段階の連邦制程度は次の政権で政権交代を実現させて必ず成し遂げる」と語った。その発言に対して保守派から憲法違反だという激しい批判を受けたが、文は現在に至るまで取り消していない。それが本音だろう。

彼は選挙中には、大統領に当選したらワシントンでなく平壌を先に訪問すると語っていたが、さすがにそれは実行しなかった。あとで述べるように、まずは訪米しトランプ大統領と会談をした。そのことを北朝鮮は悪しざまに非難した。しかし、今後も北朝鮮核問題解決の交渉のため平壌に行くと言いかねない。水面下で、金正恩と接触しつつ連邦制統一の議論を進める危険性は高い。連邦制が実現すれば、在韓米軍は存在価値がなくなり韓米同盟は解消されるだろう。その結果、三十八度線が対馬と釜山の間まで下りてくるというわが国にとって最悪のシナリオもあり得る。

また、著書で、文は米軍が韓国に配備した弾道ミサイル迎撃用のサードミサイルについて、導入の手続きに問題が多かったから、自分が政権をとったら再検討すると明言していたが、就任以降、北の相次ぐミサイル発射もあって、サードはついに配備されることになった。

さらに、そのほか、日韓慰安婦合意は無効、日韓軍事情報保護協定（ＧＳＯＭＩＡ）は再検討するとしていたし、また、韓米連合司令部解体を実現し、徴兵期間を十二カ月に短縮し、最低賃金水準の給与を徴兵に応じた兵士らに支払うとしている。これらすべては韓米同盟と韓国軍の弱体化につながり、北朝鮮を利するものばかりだが、幸か不幸か、現実の北朝鮮の脅威の高まりに、さすがの韓国民もこういう政策の遂行を支持する状況にはないが、北朝鮮側のアメとムチの使い分けによって、この文のホンネが実行されないとは限るまい。

少女像設置にも尽力

以上見てきた文在寅の危険な政策の根本には反韓自虐史観がある。実は朴槿恵退陣を叫んだロウソクデモに集まった人々はみな同じ歴史観の呪縛の中にいる。二〇一六年十二月のロウソクデモで、ある映画のポスターが大きく引き延ばして掲げられた。

二〇一五年に一千二百七十万人の観客を集め、歴代八位の大ヒット作となった『暗殺』という映画のポスターだ。ストーリーは独立運動家らが、総督府幹部の日本人と「親日派」朝鮮人を暗殺しようとするというものだ。

デモに登場したポスターでは、主人公役の俳優の顔が刑務所に入っている李石基・元国会議員らに入れ替えられ、「彼らが帰ってくるのが民主主義」「親日派大統領に立ち向かった彼ら、従北だと決めつけられ報復を受けた」という大きな文字が書き加えられている。李・元議員は北朝鮮と通じて武装蜂起を準備した罪などで懲役刑を受けた人だ。それなのに反朴槿恵デモは、従北元国会議員らは独立運動を行って親日派に捕まったのだから、彼らが釈放されるのが民主主義だと主張をしている。まさに反韓自虐史観そのものだ。

そのことを示す端的な出来事が、二〇一六年末の釜山日本総領事館前慰安婦像設置での文の煽動だった。道路を管轄する釜山市東区庁は許可を受けていないことを理由に一度、像を撤去したが、激しい抗議にさらされ像設置を黙認した。東区庁への抗議は、文が次のように煽動したことが契機になった。

「少女像設置は真の独立宣言だ。釜山東区庁とその背後勢力は恐れている。清算されていない親日行為にちがいありません」

文は、慰安婦像設置を妨害する行政を、清算されていない親日勢力によるものだと非難したのだ。

二〇一七年一月に入り、文在寅やロウソクデモ勢力の危険さに気づいた心ある国民が、国旗である太極旗を持って大規模な体制擁護デモに立ち上がった。

三月一日には太極旗デモが、ロウソクデモの最高動員三十万人を上回る大規模な動員に成功した。

四月に入り世論調査でそれまで一〇%台だった中道左派候補の安哲秀が急浮上し、ついに文在寅と並び、一部調査では逆転するところまできた。文在寅の危険さに関する認識が少しずつ拡散してきた表れといえよう。文在寅は危険だと考えた保守層の票が分散せず一人の候補に集まれば文在寅政権は阻止される可能性もあった。すなわち、安哲秀を次悪の選択として保守が支持するというシナリオだ。

だが、安自身がそれを拒否し、保守票は自由韓国党の洪候補に結集した。結局、文在寅が当選した（文在寅は四一%の得票率。洪は二四%。安は二一%）。

文在寅・革命政権を支える左翼人脈

文在寅氏が大統領に当選した日、ソウルで保守派リーダーから「新政権は八〇年代に左派学生運動に参加した活動家中心の政権になるだろう。社会の各界に布陣した左派運動勢力の指令塔になるかもしれない」という予想をきいた。私自身は、韓国の反共自由民主主義体制が弱体化し、最悪の場合、連邦制を通じた北朝鮮による統一へ向かうことさえあり得ると考えていた。

残念ながらその見通しはそれほど間違っていないようだ。二〇一七年五月十日、政権がスタートした日に文在寅大統領は首相、国家情報院長、秘書室長の三人の核心幹部を指名した。首相には李洛淵・全羅南道知事、国情院長には徐薫・前国家情報院三次長、秘書室長には任鍾晳・前議員を選んだ。最初にこの三人の言動から文在寅政権の性格を分析しよう。

先ず、李洛淵首相だ。彼について日本のマスコミは、東亜日報東京特派員出身の日本通で、合理的思考の持ち主などと評していた。しかし、彼が国会の承認を得て執務を開始した六月一日に行った就任演説の内容は、文在寅政権は革命政権だと宣言するものだった。その主要部分を私の解説付きで訳出する。

〈文在寅政府は去年の冬から今年の春まで六カ月にかけて延べ一千七百万人が参加したロウソク革命の産物です。ロウソク革命は「これが国なのか？」という絶望的抗議から始まって、「国らしい国」を作ろうという希望的決意につながりました。ロウソク革命は政府の無能と不通と偏向に対する絶望的怒りから出発して、新しい政府の稼動に対する希望的支持として今展開しています〉

驚いたことに李首相は「文在寅政府は去年の冬から今年の春まで六カ月にかけて延べ一千七百万人が参加したロウソク革命の産物です」と述べ、文在寅政権が革命の産物だと革命政権宣言をしたのだ。憲法の規定に従って大統領弾劾手続きが進行し、同じく憲法に従って七カ月早く大統領選挙が行われ成立したのは文在寅政権だ。それを革命というのだ。いったい彼らは何をするつもりかと疑ってしまう。

その上「延べ一千七百万人」とするロウソクデモ参加者数は大幅に水増しされた事実とは異なる数字だ。朴槿惠退陣を求めるデモは二〇一六年十一月から始まり二〇一七年四月の大統領選挙告示まで続いた。デモは毎週土曜日になされたから、六カ月で二十四回程度となる。一千七百万を二十四で割ると一回あたり七十万となる。

しかし、面積を基準に科学的に算出された警察発表の数字では十一月から十二月にかけて最高三十万しか集まっていない。私はその現場にいたから主催者発表の百万以上参加という数字のでたらめさをよく分かっている。そして一月以降は右派の太極旗デモに動員で大きく負け、数万しか集まっていない。その大幅に誇張された数字を一国の首相がそのまま演説で使っている。これは合理的な思考の持ち主のやることではない。

「ロウソク革命は『これが国か』という絶望的抗議から始まっ（た）」と李首相は演説した。この「これが国か」というデモのスローガンは、実はロウソクデモの主題歌の名前だ。この歌を作詞・作曲したのは従北革命歌手である尹ミンソクだ。

彼は一九八〇年代、北朝鮮を支持する過激な学生運動に参加し、一九九二年北朝鮮工作員が作った地下党の傘下組織に加入したことをはじめ、これまで四回、国家保安法違反で逮捕された親北活動家だ。彼は金日成を称える歌「金日成元帥は人類の太陽」などを作っている。ロウソクデモの背後に従北勢力が存在するという証拠が「これが国か」というスローガンなのだが、李首相はそのことを知ってか知らずか、ロウソク革命は、従北歌手が作った革命歌で始まったと演説したのだ。

演説の引用を続ける。

〈愛する公職者皆さん、ロウソク革命は文在寅政府の出発で終わったのではありません。ロウソク革命はまだ進行しています。文在寅政府はロウソク革命の終点ではなく通路です。文在寅政府の公職者はロウソク革命の命令を受け取る国政課題の道具です〉

このように、李首相は「ロウソク革命は……終わったのではありません」「ロウソク革命はまだ進行している」と述べて、革命がまだ続いていると宣言した。

そして「文在寅政府はロウソク革命の終点ではなく通路です」と述べて、自らが首相として働く政権を革命の通路だと位置づけ、政権の公職者を「ロウソク革命の命令を受け取る国政課題の道具です」と規定した。文在寅政権は韓国のこれまでの体制を否定する革命政権なのだろうか。

彼は、歴代大統領が執務した青瓦台を離れ、ロウソクデモの舞台だった光化門広場に執務室を移すと公約していた。実はその光化門広場では、左派運動体がテントを張って籠城し、ロウソク革命の「請求書」を文在寅政権に突きつけている。

朴槿恵政権時代に非合法化された全教組（全国教職員労組）は、機関紙で「我々は大統領一人を替えようと寒い冬に広場に集まったのではない。全教組非合法化撤回のための文在寅政権へのFAX闘争に立ち上がってくれ」と書いた。左派運動体の「参与連帯」（一九九四年、朴元淳ソウル市長が創設。創設時は「参与民主社会と人権のための市民連帯」という名称だったが、一九九九年に現在の「参与連帯」に改称した）は、北朝鮮の魚雷によって撃沈された天安艦事件について北朝鮮を参加させた再調査と、大幅軍縮、すなわち徴兵期間を現行の二十一カ月から十二カ月への短縮、兵力を六十五万から三十～四十万へ縮小することを求めている。

民労総（全国民主労働組合総連盟）と韓国労総（韓国労働組合総連盟）は最低賃金を時給一万ウォンに即時大幅値上げすることを求めている。これが実現すると小規模食堂やコンビニなどが人件費高騰で多数廃業に追い込まれると言われている。七月十五日、文在寅政権は二〇一八年の時間当たり最低賃金を七千五百三十ウォン（約七百四十九円）で確定した。今年より一六・四％上がった水準だ。十一年ぶりに二桁の引き上げ率を記録した。

文在寅大統領は公約では三年で時給一万ウォンに上げるとしていた。そのためには毎年一五・七％ずつ引き上げる必要があったから、一年目は公約を守ったことになる。公約通り進むと二〇二〇年には韓国の最低賃金が日本を追い越すことになる。中小企業や小商工人などが今後三年間に追加で負担する金額は約百七十六兆ウォンにのぼるとされている。

また、民労総は、二〇一六年過激な暴力デモを指揮した罪で有罪判決を受け刑務所にいるハン・サンギュン委員長の釈放も求めている。ロウソクデモではハン委員長の写真が大きく掲げられ「彼が戻ってきてはじめて民主主義だ」などと書かれていた。

また、挺対協は日韓慰安婦合意破棄と、日本の出資で作った和解と癒やし財団の活動中止などを求めている。これ以外にも原発廃棄、サード配置決定過程の徹底調査と責任者処罰など、ロウソク革命を担った左派団体の要求が殺到している。

文在寅政権がこれらを即時に受け入れるなら韓米同盟弱体化や経済悪化など重大な国益上の危機を迎えるはずだ。総理自身が自分たちはロウソク革命の道具だと宣言している中、左派の無理難題をどうさばくのか、行方はまだ分からないが、和解と癒やし財団は解散させられた。

情報機関の解体で北朝鮮のスパイが跋扈する

二番目に徐薫国家情報院長を取り上げよう。彼は国情院に長く勤めてきた対北専門家だ。盧武鉉政権時代、対北秘密交渉を担当し、北朝鮮に多くの人脈を持つ人物として知られている。その徐院長に文在寅大統領は国情院の改革を命じた。というのも、文在寅大統領は国情院について二つの公約をしていたからだ。

第一は、国内における情報収集を止め、海外でのみ情報収集を行う。二番目は北朝鮮スパイや従北活動家に対する捜査を警察に移す。

文在寅大統領は、六月一日の任命式で徐院長に「まずは国内政治への介入を徹底的に禁じるべきだ。国民と何度も約束したので必ず進めてもらいたい」と指示した。

徐薫国情院長は国会で開催された公聴会で「自分の考え方は（文大統領と）完全に異なるわけではない」と明言しており、就任直後に、まず文在寅公約に沿って、国情院の国内部門の機能縮小を命じた。

国内情報収集なしに国内の従北勢力の取り締まりは不可能だ。スパイ取り締まりは高度の専門性が求められる分野で、警察はその能力が乏しい。文在寅の公約がその通り実現すれば、スパイ取り締まりのための国家保安法は死文化し、これまで以上に北朝鮮のスパイと従北左派が跋扈《ばっこ》することになろう。

徐院長が次に取り組むのが、李明博、朴槿恵時代に国情院が取り組んだ事件などについての再調査だ。徐院長は文在寅大統領の指示を受け「過去の間違った政治介入事件の真相を明らかにするために」という名目で「積弊清算タスクフォース」を設置し、十三の項目の調査を行ない、第四章で指摘した通り、関係する職員を告発している。

韓国保守のリーダー趙甲済氏は「情報機関には守るべき秘密がある。それを守れなくなれば同盟国や友好国は韓国の情報機関に機密情報をくれなくなる。これは重大な国益の損害だ。再調査するなら、大統領官邸に北朝鮮のスパイが浸透している疑惑があるとして慎重に捜査を進めていた一心会事件で、盧武鉉大統領が突然、国情院長を更迭《こうてつ》した事件などこそすべきだ」と批判している。同感だ。

首相が革命宣言をし、国情院が北のスパイ取り締まりを止める改革を実行しようとしているのが、今の韓国だ。

さて、文在寅大統領が就任直後に選んだ三人目の幹部、任鍾晳秘書室長についても検討しよう。彼は八〇年代から活発に活動してきた筋金入りの従北派革命家だ。

任鍾晳氏は、一九六六年全羅南道で生まれた。現在五十一歳だ。一九八六年漢陽大学に入学し、学内にあった親北地下サークルに加入し学生運動活動家となった。一九八九年には漢陽大学総学生会長となり、主体思想派地下サークルに推薦されて学生運動の全国組織「全大協（全国大学生協議会）」の第三代議長となった。韓国の国家安全企画部（現在の国家情報院）が当時、捜査記録に基づいて作成した「全大協は純粋な学生運動組織なのか」には以下のような記述がある。

〈一九八七年五月全大協第1期が結成されてから一九九一年六月現在の全大協第5期まで歴代全大協議長はすべて主体思想派地下革命組織から派遣された地下革

命組織員であることが、この間の調査過程で明らかになった〉

〈全大協第3期、第4期、第5期議長の任鐘晳、……らも主体思想派地下組織自主・民主・統一グループ(自民統)が全国学生運動を主導、掌握するために全大協に浸透させた地下組織員たちだった〉

また、韓国左派運動を体系的に取材してきた、金成昱氏が、ネットニュース「趙甲済ドットコム」に寄稿した記事によると、任鐘晳氏が所属していた「自民統」の活動家らは一九九〇年八月下旬、江原道の漢灘江に合宿して、以下のような金日成に対する忠誠の決議を行ったという。

〈「金日成首領さま万歳、金正日指導者同志万歳、民族解放民衆民主主義万歳。偉大なる首領金日成同志と我々の指導者金正日書記の万寿無疆と韓民戦の領導の下でこの命が絶える時まで闘争するという決意、決断を持って進みます」〉

任鐘晳氏は、一九八九年全大協議長の時、組織員の女子学生を平壌に派遣し、北朝鮮が前年のソウル五輪に対抗して大々的に開催した世界青年学生祭典に参加させた。その無許可訪朝は国家保安法違反となり、女子学生とともに任も逮捕され、実刑判決を受け、三年六カ月の刑期を終えたあと、当時の金大中が「野党には若い血が必要」として任をソウルから国会議員に立候補させ、彼は二〇〇〇年と二〇〇四年の選挙で与党候補を破って当選した。その後、任は、左派の朴元淳ソウル市長の下で副市長をしていた。

国会議員時代の任は従北議員の代表として以下のような活動をしている。

二〇〇四年八月四日国家保安法廃止立法推進委員会に参加、同年十二月十四日同法を年内に廃止することを求める議員団に加盟するなど国家保安法廃止のために活発に活動。

二〇〇四年九月二日、米国議会が北朝鮮人権法を制定したことに抗議する議員書簡に野党議員二十五人とともに署名し、二〇〇五年七月十四日には「米国と日本の北朝鮮人権問題提起を糾弾する決議案」に参同した。同決議案は「国際社会の一角で北朝鮮の人権問題を取り上げることは北朝鮮核問題の解決に否定的な影響を与える憂慮がある」としていた。

二〇〇六年十月九日、北朝鮮が一回目の核実験を行うと、任は北朝鮮ではなく米国を非難し対北包容政策の持続を求めた。任は十月十三日、以下のようにコラムに書いた。

〈北・米間［任は「米・北」と書かず、必ず北朝鮮を先にして「北・米」とする・西岡補］の葛藤と対決、その中でも北朝鮮を核実験という極端な選択に追い込んだ決定的な要因は米国の対北金融制裁にあった。……開城工団と金剛山観光をはじめとし、どのような場合でも南北経済協力のモーメンタムが失踪しないようにしなければならない〉

二〇〇七年五月三十一日「六月十五日を南北共同宣言記念日に指定することを求める決議案」に署名した。南北経済文化協力財団理事長として北朝鮮の金日成大学の図書館拡大事業を支援し、統一部を通じて二〇〇七年末までに七億一千七百万ウォンを送金している。

任の一番の問題は、自身の主体思想派地下組織員としての活動について、公開的に転向宣言をしていないことだ。その点について金文洙・元京畿道知事は二〇一七年五月十三日ソウル市内で開かれた太極旗集会で次のように指摘した。

〈大統領秘書室長になった人物は主体思想派です。主体思想派とは何か、偉金同、偉大なる首領金日成同志を称賛し、偉大なる首領金日成同志のために命を捧げるという、朝鮮民主主義人民共和国とその首領である金日成に忠誠を誓う者たちを主思派というのです。その主思派、全国大学生協議会議長になって監獄に三年六カ月入れられ、その後、国会議員もしたが、一体どのように自分の考えが変わったのか話しをしていません。監獄に入っていたからといって考えが変わるものではありません。

偉大なる首領金日成同志と叫んでいたその人が、大統領秘書室長になったが、大統領秘書室長というものは何ですか。大韓民国国軍統帥権者である大統領の最も近くで全ての秘密資料をみんな扱います。わが国には大統領の次に多くの秘密を扱う人物は他にはいません。北朝鮮と金正恩、敵国と敵の首魁が何をしているか、わが国の友邦同盟国である米国が何をしているのか、この全ての最高級情報を扱います。各種の高級情報と軍事的な核心的な情報に関わる特級機密を扱うのがまさに大統領秘書室長ではないですか。

私は強く訴えます。過去に偉大な首領金日成同志を称賛した勢力にいた者が大統領秘書室長になったのですから、過去の考えがどのように変わったのか、変わっていないのか必ず尋ねてみて、本人の考えがどのように変わったのか、今はどのような考えなのか、それを明らかにすることを私は皆様とともに要求します〉

文在寅は大統領秘書室に転向宣言していない主思派活動家、地下革命運動家ら大挙起用した。私の調べによると、二〇一八年はじめの段階で大統領秘書室の秘書官以上幹部三十一人（秘書室長一人、首席秘書官五人、秘書官二十五人、経済社会担当の政策室秘書官を除く）の四八％、十五人（室長一、首席二、秘書官十二）が活動家出身だ。

任鍾晳秘書室長一九八六年漢陽大学入学、親北地下サークル加入、一九八九年漢陽大学総学生会長、主体思想派地下サークルの推薦で「全大協（全国大学生協議会）」第三代議長。組織員女子学生を平壌派遣し国家保安法違反で三年六カ月入獄。

趙国・民情首席秘書官、一九九三年南韓社会主義労働者同盟傘下「南韓社会主義科学院」事件で懲役二年六カ月執行猶予三年宣告。

河勝彰社会革新首席秘書官、一九九〇年民族統一民主主義労働者同盟事件で逮捕。

尹建永・国政状況室長（警察、検察、国家情報院などの情報管轄）国民大学総学生会長、二〇一八年三月特使として訪朝し金正恩と面会。ある韓国保守派リーダーは尹が金正恩からベトナム型の統一に進むための指令を受けた疑いがあると私に語った。

宋仁培・第1付属秘書官（大統領に随行）釜山大学総学生会長、
兪松和・第2付属秘書官（夫人に随行）梨花女子大学総学生会長・民青連組織部長。

陳聲準・政務企画秘書官（与野党を担当）全北大学総学生会長、
韓秉道・政務秘書官（与野党を担当）円光大学総学生会長・全大協3期全北地域祖国統一委員長。

金クモク・市民社会秘書官（市民・社会運動を担当）全北大学総女学生会長・全北民主女性会。

白元宇・民情秘書官（検察、警察、国情院、国税庁、監査院担当）全大協連帯事業局長・「行こう北へ、来たれ南に」南北学生会談推進。

中東昊・演説秘書官（大統領の演説草稿担当）全大協文化局長。
文デリム・制度改善秘書官、済州大学社会科学学部学生会長。
権赫基・春秋館長、国民大学総学生会長。
朴洙賢・代弁人、ソウル大在学時で反政府デモを主導し退学処分、
趙漢起・儀典秘書官、文化運動、韓国民族芸術人総連盟。

このように、任秘書室長の下にいる大統領秘書室の秘書官に、一九八〇年代、北朝鮮主導の統一を目指す革命運動を主導していた活動家出身者が大挙登用されたのだ。

韓国に忍び寄る左翼革命の波

二〇一七年十一月六日、韓国国会で保守野党・自由韓国党の全希郷議員が任室長に青瓦台に主体思想派出身者が大挙布陣していることを問題視して、厳しく糺した。ところが、任室長は自分を含む主体思想派出身の秘書官らが現在は転向していると弁解せず、次のように開き直った。

「5共和国［全斗煥政権・西岡補以下同］、6共和国［盧泰愚政権］の時代、政治軍人が光州を踏みにじって民主主義を蹂躪していた時、議員がどのように過ごしていられたかについて調べることはしませんでした。しかし、今、議員が取り上げて論じられた多くの者たちは人生をかけて民主主義のために努力しました。議員がそのようにおっしゃる程度に恥ずかしく生きてきませんでした」。自分たちの主体思想派としての活動は誇らしいものだったと強弁しているのだ。金正恩が喜ぶはずだ。

金文洙・元知事は二〇一八年四月の統一地方選挙で自由韓国党のソウル市長候補となって文在寅政権の危険性を強く訴えた。しかし、文在寅政権は板門店で持たれた一回目の文在寅・金正恩会談を投票日の直前にセットし、平和ムードを最大限に活用して選挙を有利に進め、与党がなだれ的な大勝利を収めた。その中で金文洙・元知事は、中道野党の安哲秀候補を抜いて次点となって、一定の存在感を示した。金元知事は選挙戦の中で、平昌オリンピックにおける文在寅大統領の驚くべき言動を繰り返し訴えた。

文大統領は開会式のレセプションで韓国の「思想家申榮福氏」を尊敬しているとし

た上で、申氏の著書から友情に関する言葉を引用した。それだけでなく、大統領官邸に金正恩の妹金与正らが訪問したとき、文大統領は申氏の筆による「通」という書芸の前で与正と二人で記念写真を撮った。

申氏は一九六〇年代、北朝鮮が韓国に工作して作った地下政党「統一革命党」のメンバーで、国家保安法違反で二十年間刑務所に入っていた金日成主義の革命思想家なのだ。彼は出獄後も自分は間違ったことはしていないと公然と語り、金日成主義にもとづく思想家として大学で教鞭を取り、多くの本を出版して思想家としての活動を続けると共に、書芸家としても有名になり焼酎のラベルを書いたりしたが、二〇一六年に亡くなった。

つまり、文大統領は金日成の指令で地下革命運動をし、二十年入獄した後、非転向で思想家として韓国者会の左傾化に努めてきた「同志」申栄福のことを金日成の孫を韓国に迎えた席で「尊敬している」と公言し、申の書芸の前で与正と記念写真を撮ったのだ。文政権の本質を表す出来事だ。

その上、戦慄を覚えるのは、保守新聞とされる朝鮮日報、東亜日報を含む全マスコミがこのことをまったく問題視していないことだ。ここまで韓国は親北化している。

その中で金元知事ら保守派が、ＳＮＳなどを通じて批判の声を上げ続けている。

過去に社会主義革命を目指す地下活動をして、冷戦崩壊後、完全に転向して自由民主主義者となった金元知事は、申氏は最後まで転向しないで金日成主義者として活動していたと次のように自分の体験を元に告発する。

〈私は申栄福をよく知っています。私のソウル大学の学生運動の十一年先輩で、申栄福は二十年も長期囚として刑務所にいた間に私は入学し、除籍を二回もされながら申栄福先輩が活動した統一革命党の話しを沢山聞きました。

統一革命党事件は一九六八年摘発された地下革命党事件で、五十名が捕まり金鍾太ら三名は死刑になりました。朝鮮民主主義人民共和国の指令・資金を受けて結成された地下革命組織です。

死刑になった主犯の金鍾太、金ジルラク、李ムンキュは秘密入北して朝鮮労働党に入党し、党員李ジニョン、呉ビョンホンは一九六八年四月二十二日に入北して教育を受けている最中の一九六八年六月末、統革党事件が摘発されると北朝鮮に残って『統一革命党の声』ラジオ放送を続けました。

申栄福はソウル大学経済学部を卒業した後、陸軍士官学校で教官をしていて捕まり無期懲役刑となりました。韓明淑・元国務総理の夫である朴ソンジュンは十五年の懲役刑でした。金鍾太が死刑になるや、金日成は彼に英雄称号を与え、海州師範学校を金鍾太師範学校と改称しました。

申栄福は思想転向をして、二十年ぶりである一九八八年に釈放されました。しかし、月刊『マル』誌とのインタビューで申栄福は、転向書は書いたが、思想を曲げたり同志たちを裏切ったことはなく、統革党に加わったことは良心の命令のためであり、今後も良心に従って統革党に加わったときと同じような考えで活動をするつもりだと明らかにしています。

文在寅大統領が尊敬する韓国の思想家申栄福の思想は「主体思想」「金日成思想」です。北朝鮮の金永南や安倍首相など世界の首脳級の代表団が参席していた五輪公式レセプションの式辞で大韓民国の文在寅大統領が金日成思想を信奉する思想家を尊敬するとカミングアウトしたのですから、これをどうしたらよいのか、私は眠ることもできません〉

しかし、韓国のマスコミはこのような金文洙・元知事の訴えを無視し、任秘書室長が転向したかどうかについてまったく問題にしないのだ。また、金・元知事は野党の自由韓国党所属ではあるが、二〇一六年の国会議員選挙で落選し議席を持たず、党指導部からも任室長の転向問題を提起する声は残念ながら出てこない。このように、静かに、しかし着実に韓国内の革命は進んでいるのだ。

任秘書室長と武村正義官房長官の共通性とは

まさに国情院の国内部門が任秘書室長を調査しなければならないはずだが、彼はすべての機密を自由に閲覧できる立場にいるのだ。

私は、任が秘書室長に任命されたと聞いた時、米国は彼をどう評価しているのかを調べた。すると、議員時代の二〇一一年、米国が彼の入国ビザ発行を拒否した事実を知った。それで私は、日本の細川護熙政権における武村正義官房長官のことを思い出した。一九九四年、ちょうど、今と同じように米朝が北の核ミサイル開発をめぐり緊張を高めていた。時の米国クリントン政権は、寧辺の原子炉への爆撃を真剣に検討していた。その時、同盟国日本は非自民連立政権で官房長官の武村は親北派として有名だった。

当時、日本政府は極秘で米国が北朝鮮を攻撃した際にどのような協力が出来るかを検討していたが、暫定的にできていた、その計画書の項目が、順序と項目名がほぼそのまま北朝鮮の朝鮮通信から流れて大いに驚いたことを私は今でも鮮明に覚えている。米国は、細川首相に、武村が官房長官では軍事作戦は出来ないとして更迭《こうてつ》を求め、細川はそれを受け入れた（突然、首相を辞任して武村を道連れ辞任させた）。当時、細川首相の側近だった小池百合子氏が次のように生々しく書いている。

〈94年2月12日夜、日米包括協議のためにワシントンを訪問中の細川護熙総理（当時・以下同じ）から、私の東京での居所である高輪の衆議院議員宿舎に電話が入った。受話器からは、意外な名前が飛び出した。

「武村さんは問題だっていうんです」

武村さんとは、言うまでもなく、細川連立政権のパートナーであり、新党さきがけの代表であった武村正義官房長官のことである。実際、ワシントンから帰国直後の2月15日、細川総理は唐突に内閣改造の意向を表明し、武村官房長官と村山富市社会党委員長からは猛烈な反発が巻き起こった。

日米包括協議「決裂」というこれまでの日米交渉にはない厳しい結果を迎える一方で、ワシントン滞在中の細川総理は、アメリカの政府高官から北朝鮮情勢が緊迫していること、朝鮮半島有事の際の日本の安全保障上の問題点を指摘された。米側から核兵器の開発現場を含む衛星写真の提示もあったと聞く。ホワイトハウスが抱く最大の不安は、朝鮮半島にからむ情報が、日本と共有するにあたって、他へ漏れる恐れがあることだった。日本の中枢、他でもない総理官邸におけるナンバー2、武村官房長官から北朝鮮へ流れるのではないか、との不安だという〉（小池百合子「細川首相退陣の引き金は『北朝鮮有事』だった」『正論』二〇〇二年七月号）

二〇一七年六月末、文在寅が初の外遊先として米国を訪れ、トランプ大統領と会談した。軍事を含む全ての手段を使って北朝鮮の核ミサイル開発を止めさせるとしているトランプ大統領が文在寅と一対一になった時、任室長を辞めさせろと迫ったかどうかは不明だ。しかし、同年十一月、訪韓したトランプ大統領は、歓迎式で文大統領が差し出した握手の手を握らないままカメラの前から立ち去るという行動をとった。

金正恩体制が倒れれば、韓国の従北左派も滅ぶ

本章最後に、このような韓国の状況を踏まえ、わが国これからは何をすべきかを論じたい。

私は、一九八七年、韓国で民主化が実現した直後から、北朝鮮が左傾民族主義を媒介として韓国工作を加速させ、多くの若者が「反韓自虐史観」に洗脳され、韓国の反共自由民主主義を否定していくようになるのではないかと、警告を発してきた。表面に出ている反日の主張は、反韓自虐史観の反映であり、問題の本質は、韓国が米韓同盟から離れ、北朝鮮と統一したり、中国共産党の衛星国になる危険が高まっていることだと主張してきた。

日本の歴史は、古来より朝鮮半島全体に反日政権ができることを常に最大の国難としてきた。それは日本の地政学的宿命だ。白村江の戦いに、わが国が大軍を送ったのもそのような危機を避けるためだったが、唐・新羅連合軍に敗北した結果、当時の朝

廷は全国から人民を徴兵して防人《さきもり》として九州に送り、水城を築いて唐・新羅軍の対日攻撃に備えた。元寇も高麗王朝が元に屈服し、済州島で最後まで抵抗していた武士集団三別抄《さんべつしょう》が降伏した直後に、元の日本侵攻が始まった。その国難を鎌倉武士は多くの犠牲を払って克服したのである。

日清日露戦争も、朝鮮半島を反日勢力の手に渡さないという戦略目標のため戦った戦争だった。特に日露戦争は桁違いに国力の強い当時のロシアと国家存亡をかけて全国民が団結して戦ったのだが、それは地政学的危機を明治の先人が良く理解していた証左でもある。

日露戦争後、日韓併合により朝鮮統治を行ない多額の予算を投下したが、それは経済的利益のためよりも、半島全体が敵対勢力の手におちることを防ぐという安全保障上の利益のためだった。

ところが、戦後、南北分断と朝鮮戦争の結果、米軍が韓国に駐屯して半島の真ん中の休戦ラインで共産主義勢力と対峙することとなり、冷戦下で日本は北海道北方を除き共産勢力と直接対峙することがなくなった。

そのため、自国の安全を自国の力で守るという白村江の戦い以来、ずっと身につけていた正常な国家精神がいつの間にか希薄になってきたのだ。自衛のための国軍の保持を禁止する憲法九条二項を、いまだに改正できないのもそのためだ。

朝鮮半島は今、南北双方で体制の危機を迎えている。言い換えると南北の国家と民族史の正統性をかけた戦いは最終段階にあり、米朝首脳会談の今後の行方によっては在韓米軍撤退もありうる。その結果、韓国による自由統一か、北朝鮮による赤化統一のどちらかが実現する可能性が生まれてきた。その中で、トランプ政権は北朝鮮の核問題を米国の最優先課題と位置づけている。それは、自国の防衛を真剣に考えている表れだが、グローバルな視点から、自由民主主義体制を守るという米外交の伝統はそこには見られない。安倍政権は核ミサイル開発を絶対に容認せず米国と連繫して圧力を強めるという姿勢を取っており、その上で拉致被害者救出を最優先課題としている。日本は、韓国に対しては文在寅政権の動向を鋭意観察し、理不尽な歴史問題での反日外交には事実を踏まえた反論をしながら、韓国が国是である反共自由民主主義を捨てないように韓国内保守派にモラルサポートを送るしかない。しかし、韓国内の保守派は、第二章でも指摘したように風前の灯状態だ。彼らが「脱北」ならぬ「脱南」という形で、日本に亡命してくる可能性も取り沙汰される昨今だ。この状況下では、「韓国による自由統一」より、「北朝鮮による赤化統一」の可能性のほうが高いだろう。

とはいえ、北朝鮮の金正恩体制が、自壊、ないしは数年以内に倒される可能性もありうる。もし、そうなれば韓国の従北左派は、急速に力をなくすはずだ。

次章でも詳述するが、わが国は北朝鮮の危機をうまく利用して、拉致被害者全員救出を実現することを目指すべきだ。南北の体制危機がどのような決着を迎えるのか、その過程でわが国の国益を最大限に実現するために何をするべきか、日々動く半島情勢を見ながら国民みなで考えるべき重大課題だ。

第六章

日米協調と「拉致カード」で北朝鮮を追い込め

鞭の役割はトランプが引き受けてくれた

本章では、北朝鮮の核ミサイル開発をめぐり、「金斬首」作戦決行寸前から米朝首脳会談へと激動する朝鮮半島情勢の下で、どのようにしてすべての拉致被害者を取り戻すのかという問題を考えていきたい。

まず、トランプ大統領と安倍首相が主導した、圧力を最高度に高める政策が成功し、北朝鮮の独裁者金正恩が、トランプ大統領に面会を申し込み、二〇一八年六月十二日にシンガポールで首脳会談が開催され、トランプ大統領は拉致問題にも言及してくれた。これが拉致問題解決のために「一歩前進」となったことはいうまでもない。

世界が注目する中、トランプ・金正恩会談が実現した。多くの関連報道、論評があったが、トランプの失敗、金正恩の勝利という見方が多数だった。しかし、私はまったく違った見方をしている。

トランプ大統領の金正恩に向けられた微笑の裏には、俺はお前が核廃棄するといった約束を信じる、だから当面、爆撃など軍事攻撃や斬首作戦はやめてやるが、俺の信頼を裏切ったら許さない、という脅しが潜んでいた。

金正恩もそのことを承知で、二〇一九年にも複数の核弾頭を米国に引き渡すという今までにない大譲歩をする可能性も残っている。金正恩からすると、核武装は米国と全面戦争をするためではなく、韓国を赤化併呑する手段だったから、すでに文在寅「革命政権」の成立により、韓国は半分赤化が進んでいる。核を引き渡してもその後、平和条約締結、米朝国交樹立を実現させれば、韓国がもはや米軍は必要ないと米軍を引き揚げさせるとみているのだ。肉を切らせて骨を断つ、いや核を切らせて南をとる、ことを狙っている。その上、北には豊富なウラン鉱山がある。技術さえあればいつでも核を再開発できる。

このような複雑で厳しい状況だが、日本人拉致被害者救出という観点からは絶好の好機がやって来たと言える。安倍首相の首脳外交と私たち家族会・救う会・拉致議連が二十年以上続けてきた対米働きかけが実を結び、トランプ政権の対北核放棄政策の中に拉致被害者救出が完全に組み込まれている。すなわち、トランプ政権はいつでも金正恩を爆撃して殺せる斬首作戦を準備して鞭の役割を担い、一方、核ミサイルを完全に放棄したら払う見返りのカネは日本が払う、つまり飴の役割は日本が担うという構造が出来ている。

トランプの対北取引に日本人拉致解決を組み込ませることに成功したのだ。いよいよ、日朝が直接渡り合う局面が近づいてきた。そこで「全被害者の即時一括帰国」を実現できるかどうか、最後の胸突き八丁の戦いが待っている。

以上が私の現時点（二〇一九年一月初め）での北朝鮮情勢に対する見方である。本章はなぜそう言えるのか、根拠となる事実を示しながら詳論していく。

「安全の保証」と「体制の保証」の違いが分からないマスコミ

まず、トランプが金正恩に保証したものは、「体制の保証」ではなく斬首作戦はしないという「安全の保証」だということを論じる。

今回の米朝会談について多くのトランプ批判があった。代表的なものが、「CVID（完全で検証可能、不可逆的な非核化）という約束を取り付けられなかったのに、体制の保証をしてしまった」として、トランプ大統領は大きな成果を上げられず、金正恩が外交的に勝利したという評価が多かった。また、中には「戦勝国ではないのだからそもそもＣＶＩＤは不可能だった。制裁一辺倒ではだめだとトランプ政権は融和策に政策転換した。未だに制裁一辺倒の安倍晋三政権だけが蚊帳の外だ」などというあまりにも親北的な議論が大手の新聞の識者コメントや座談会で堂々と展開されていた。

しかし、共同声明のどこにも「体制の保証」という語は存在しない。共同声明の中でトランプが金正恩に何を約束したかを明記した部分はただ一カ所だけだ。

「トランプ大統領は北朝鮮に安全の保証を与えると約束し、金正恩委員長は朝鮮半島の非核化を完結するための固く揺るぎない約束を再確認した」（傍線西岡・以下同）

この文章の傍線を引いた前半部分である（なお、共同声明は英語と朝鮮語が正文で、日本マスコミはシンガポールで英語を入手し独自に和訳して紙面に載せているので、訳文が少しずつ異なっている。北朝鮮の国営メディアの朝鮮中央通信には、朝鮮語、英語の正文と日本語訳が出ている。この訳が北朝鮮の公式訳なので本稿ではそれを使う）。

英語を見ると「President Trump committed to provide security guarantees to the DPRK」となっている。ある英語の使い手の学者はこれを読んで「security」という語は日米安保条約にもあるので、最初は米軍が北朝鮮に駐屯して北朝鮮の安全を守ってやるということかと誤解したといっていたが、その学者もこれはどうみても「体制の保証」ではなく、安全を守ってやるということだから、西岡の言うように爆撃をしないでやる保証という説は説得力があると語った。なお、朝鮮語正文を直訳すると「トランプ大統領は朝鮮民主主義人民共和国に安全担保を提供することを確認」とされている。

私がこのことにこだわるのは、金正恩は二〇一七年十月から米軍の斬首作戦に心から脅えていたからだ。

二〇一七年九月二十三日夜、グアムの基地から飛び立ったB1B戦略爆撃機が日本海海上の休戦ラインを越えて北朝鮮の元山沖まで行って演習をした。爆撃機に向けてレーダー波は飛ばされず、北朝鮮空軍によるスクランブルもなかった。その事実を、米軍は意図的に公表した。「いつでも気づかれずに爆撃機を送り込めるぞ」という心理戦だ。

これで平壌はパニックになった。北朝鮮のレーダーでは、B1Bを察知できないという事実が金正恩に報告されたと北朝鮮内部に繋がる筋から聞いた。二〇一七年一年間でなんと半島周辺にグアムのB1B戦略爆撃機が二十二回も飛来している。金正恩はこれが怖かったのだ。

二〇一六年から二〇一七年九月十五日まで約四十発の弾道ミサイルの発射や三回の核実験などを続けていた北朝鮮は、九月二十三日、B1B爆撃機の襲来があってパタッと動きを止めた。

十一月二十九日に火星一五号ミサイルをロフテッド（高く打ち上げる）軌道で日本海に落としたが、日本を越えて太平洋には落とさなかった。日本を飛び越えて撃った場合には米軍が迎撃して戦争になるかも知れない、アメリカに攻撃の口実を与えたら殺される、と考えてのことだ。

火星一五号は大気圏に再突入した後、三つに割れてしまった。つまり、まだ大気圏再突入技術は確立していない。それなのに「アメリカ本土まで届く核ミサイルが完成した」と大々的に公表した。完成したからもう実験は不要で、今度は経済優先なのだと主張し始めた。

米本土まで届く核ミサイルは完成直前まで来ていたが、完成させるためには核とミサイルについてあと数回実験がどうしても必要だった。しかし、それをすると自分が殺されるかも知れないと金正恩は恐れを抱いた。それでこれは国内向けの宣伝として核ミサイルが完成したという宣伝を始めたのだ。実際は、核実験やミサイル発射でアメリカを刺激するのを止めたわけだ。金正恩がアメリカに対して恐怖感を抱いていたのは間違いない。

金正恩は米軍が自分の所在情報を持っていると強く疑い、それを知りうる立場にいる最側近幹部らの裏切りを強く警戒したという。これは複数の情報源から私が確認したことだ。一方、米軍筋は、われわれは金正恩の所在情報を持っていると関係者に語っていた。私もその話しを直接聞いた。私は二〇一七年九月二十三日、B1B爆撃機が元山沖で演習をしたとき、金正恩は元山にいたのではないかと考えている。元山には彼のための特別招待所があり、観光団地建設のため金正恩は元山に何回も来ているからだ。

妹の与正がナンバー2に昇格

二〇一七年十月、金正恩は誰も信用できなくなり、側近を次々と要職から外して、妹の金与正を身辺警護の責任者にした。二〇一七年二月に党組織指導部検閲によって金元弘国家保衛部長が解任されて以降、金正恩政権は党組織指導部が支えていた。ところが金正恩は組織指導部さえも信頼できなくなり、同部出身で序列二位だった黄炳瑞軍総政治局長を十一月に解任した。

十月七日に開かれた労働党中央委員会総会で、組織指導部第一副部長として張成沢の粛清などを主導した趙然俊を同部から左遷して党中央検閲委員長という閑職に追いやり、唯一信用できる妹与正を党の政治局員候補兼党第一副部長に昇進させた。多くの専門家が彼女は「宣伝煽動部第一副部長」になったと書いたが、北朝鮮公式メディアはただ「党中央委員会第一副部長」と書くだけで、どこの部に属しているか公式に明らかにしていない。

私は最近、西側軍事筋から「与正が新しく作られた〇〇〇〇部［私は部の名前を聞いているが、情報源との約束で伏せ字にしている］の第一副部長となった。その部の部長は金正恩が兼ねているから事実上彼女がトップだ。その権限はすべての一号行事（金正恩が参加する行事）の担当であり、また従来組織指導部が持っていた党、軍、政府などの幹部人事権も彼女が握った。それから張成沢が殺害される前に握っていた保衛部を除くすべての治安機関を握る党行政部の権限も引き継いだ。彼女は事実上の権力序列二位だ」という情報を得た。

十月七日の中央委員会総会で崔龍海が序列二位に上がり組織指導部長に就任した。しかし、崔は形式的な部長であって、幹部人事など重要案件は崔ではなく与正が仕切っているという。

金正恩がトランプとの会談をどうしても持ちたかった理由は、このように斬首作戦への恐怖だった。経済制裁も効いてきたが、それはまず住民の生活を苦しめ、独裁者一族は最後に苦しくなるからまだ時間的余裕がある。トランプはそれを十分分かった上で、安全の保証をえさに核廃棄を迫ったのだ。だからトランプが独裁体制を保証したという批判は、正しく共同宣言を読んでいないと言うしかない。

共同宣言には書いていないが、トランプは二〇一八年六月十二日シンガポールでの記者会見で米韓軍事演習を停止すると言った。これが東アジアの軍事均衡を崩す危険があるとして批判されている。しかし、トランプは停止の条件を「将来の（核廃棄）交渉が、進むべき様態で進まなくならない限り」と言った。ポンペオ国務長官は十三日、その条件をより明確に次のように説明した。

「トランプ大統領は、米韓軍事演習の停止の前提条件は生産的で善意ある交渉が継続していることであると明らかにしている。そうでないと判断された場合、合同軍事演習を行わないという大統領のコミットメントはもはや有効ではなくなる」

一方、北朝鮮も核廃棄交渉が続いている間だけ軍事演習は中止され、戦略爆撃機が半島に来ない。これだけでも枕を高くして寝られるということだ。朝鮮中央通信は六月十三日、前日の首脳会談を伝える報道で軍事演習中止に至るトランプと金正恩のやりとりをこう伝えた。

「最高指導者は、朝鮮半島における恒久的で強固な平和体制を構築するのが地域と世界の平和と安全保障に重大な意義を持つと述べ、差し当たり相手方を刺激して敵視する軍事行動を中止する勇断から下すべきだと語った。

アメリカ合衆国大統領はこれに理解を表し、朝米間に善意の対話が行われる間、朝鮮側が挑発とみなす米国・南朝鮮合同軍事演習を中止し、朝鮮民主主義人民共和国に対する安全の保証を提供し……」

ここでよく分かることは、金正恩は米軍の半島周辺での軍事行動の無条件での停止を求めたということと、それに対してトランプは「朝米間に善意の対話が行われる間」

という前提条件を付けて演習停止を受け入れたということだ。また、北朝鮮側が演習停止を「安全の保証の提供」の内実だと理解しているという点もこの記述から分かる。斬首作戦につながるような演習を止めてくれ、それをしてくれるなら核廃棄交渉を続けるという金正恩の恐怖が読み取れる。

トランプの微笑の裏には脅しがある

次に、トランプと金正恩が約束しあったのは、安全の保証、つまり金正恩を殺さないことと北朝鮮の核の完全な放棄の交換、取引だったという点を論じる。

もう一度、先に引用した共同宣言の中のトランプと金正恩の交換取引を示す文章を引用する。

「トランプ大統領は北朝鮮に安全の保証を与えると約束し、金正恩委員長は朝鮮半島の非核化を完結するための固く揺るぎない約束を再確認した」

トランプが「安全の保証」、つまり爆撃準備演習の中止を約束した代わりに、金正恩は「朝鮮半島の非核化」を約束している。

ＣＶＩＤのうちＶとＩ、つまり「検証可能で不可逆的」という部分が書いてないという批判が多数出ている。そもそも戦勝国ではないのにＣＶＩＤを要求すること自体が無理だったという訳知り解説すらある。段階的な非核化でも北朝鮮は大きく譲歩したのだから圧力一辺倒の間違いを認めて、日本も拉致問題解決前でも非核化のための経済支援に参加すべきだなどという、許しがたい言説さえ大手の新聞の識者コメントに出てきた（毎日新聞二〇一八年六月十四日、中西寛京都大学教授発言）。中西寛教授の暴言については本章後半で再度取り上げる。

しかし、本稿で検討したように米国は北朝鮮の「体制の保証」などしておらず、核廃棄をするという条件で「安全の保証」、つまり斬首作戦をその間だけは留保すると約束しただけなのだ。金正恩はそのことをよく分かっているはずだ。

米国はリビアのカダフィに対して、すべての大量破壊兵器と弾道ミサイルを出せと迫り、わが国の大統領はあなたが正直にすべてを出すなら斬首作戦をしないという約束を守るが、ウソをつかれたと分かったときは許さないと脅し続けたと当時交渉を担当した担当者が話している。

トランプの微笑の裏には、俺はお前が核廃棄するといった約束を信じる、だから当面、爆撃はやめてやるが、俺の信頼を裏切ったら許さないという脅しが潜んでいる。

ここで「北朝鮮の非核化」ではなく「朝鮮半島の非核化」という北朝鮮が一九九〇年代初めから使っている用語をなぜトランプがそのまま使ってしまったのかを考えてみたい。なぜなら、「朝鮮半島の非核化」という用語を使ったことが、トランプの致命的なミスだという批判が韓国の保守派から強く出ているからだ。

「朝鮮半島の完全な非核化」という場合、すでに九〇年代初めに韓国から米軍の核は撤収したのだから、北朝鮮の核兵器の完全な廃棄を意味すると考えるのが常識だ。ところが、北朝鮮の定義は常識と大きくかけ離れている。

今からわずか三年前の二〇一六年七月六日に、北朝鮮政府代弁人が「『北の非核化』詭弁は朝鮮半島非核化の前途をより険しくするだけだ」と題する声明を出した。そこで北朝鮮は朝鮮半島の非核化の内実について次のように主張した。

〈第一に、南朝鮮に引き入れて是認も否認もしない米国の核兵器からすべて公開すべきである。

第二に、南朝鮮からすべての核兵器とその基地を撤廃し、世界の前で検証を受けなければならない。

第三に、米国が朝鮮半島とその周辺に随時展開する核打撃手段を二度と引き込まないという保証をしなければならない。

第四に、いかなる場合にも核で、核が動員される戦争行為でわれわれを威嚇、恐喝したり、わが共和国に反対して核を使用しないということを確約しなければならない。

第五に、南朝鮮で核の使用権を握っている米軍の撤退を宣布しなければならない〉

すなわち、核兵器があるかも知れない在韓米軍基地を査察し、核を積める戦略爆撃機や空母、潜水艦など戦略兵器の北朝鮮接近を禁止し、在韓米軍を撤退することが含まれていた。これが三年前の北朝鮮政府の立場だった。

この立場を変えたという公開的な決定は一切ない。金正恩がこの立場を変えたかのか、変えないままトランプ大統領をだまそうとしているのか。共同声明とトランプ大統領の会見だけでは明確にならない。

しかし、北朝鮮のだましの手口を誰よりもよく知っているジョン・ボルトン安保担当補佐官が首脳会談に同席したから、むざむざとだまされたわけでもないはずだ。ポンペオ米国務長官と北朝鮮当局者の協議で、北朝鮮側が、在韓米軍基地査察や米軍撤退などを持ち出せば、今回の首脳会談でトランプ大統領がだまされたと分かる。そうなればトランプ側も「北朝鮮の安全保障」約束を無効にして、斬首作戦の実行を含む厳しい軍事圧力をかけることができる。なぜなら、非核化と安全が交換条件だからだ。

「朝鮮半島非核化」の主語は金正恩!

では、なぜ米国は「北朝鮮の非核化」という語を求めず、北朝鮮の使っている「朝鮮半島の非核化」という語を使うことを許容したのか。金正恩が、国内の動揺を抑えるために言葉上は過去に使ってきた「朝鮮半島の非核化」を使わせて欲しいと懇願した可能性がある。

首脳会談の前日夜に行われたポンペオ国務長官の会見でも「朝鮮半島のCVIDが、米国が受け入れられる唯一の結果」と語っていた。この時点で用語では譲るが、実態では譲らないという取引が米朝間で成立していたのかも知れない。

すでにトランプはボルトンらが使っていたリビア方式という言葉が、金正恩にとって自分もカダフィのように殺されるのではないかと考えさせる不吉な言葉だから止めてくれと言ってきたとき、トランプ方式という言葉に代えてやるという言葉の上の譲歩を行った。

トランプ大統領自身も、ブッシュ大統領の成功例であるリビア方式という語を使うことは、歴代大統領が全部出来なかった偉大なことをやるのだという自負心からして気持ちが良くないはずだから、ボルトンらが要求内容は変えないで言葉だけ変えたという経緯があった。

安倍総理も以上のようなトランプの笑顔の後ろにある脅迫をよく分かっている。だから米朝首脳会談直後に「金正恩委員長が朝鮮半島の完全な非核化について、米国に対して、トランプ大統領に対して、明確に約束した。その意義は大きい」とコメントしていた。文在寅大統領は約束を破られても軍事攻撃をしないが、トランプは違うという意味だ。

もう一つ、共同宣言の表現で見落とすことが出来ないのは、朝鮮半島の非核化の主語が金正恩とされていることだ。板門店宣言では「⑷南と北は、完全な非核化を通して核のない朝鮮半島を実現するという共通の目標を確認した」として、南北両者が半島全体の非核化を行う主体だった。ここでは南の非核化、つまり米軍撤退などを求められる余地があった。しかし、今回の共同宣言では「金正恩委員長は朝鮮半島の非核化を完結するための固く揺るぎない約束を再確認した。」として、主体は金正恩だけだ。トランプはそれには関与することになっていない。

したがって、米側は安全の保証、つまり演習停止を続けてもらいたいなら、早く非核化をせよ、まず、自分たちが持っているとして写真まで公開した球型の原爆核弾頭とひょうたん型の水爆核弾頭を全部、米国に搬出させろと求めることが出来る。ボルトンらは今、それを要求しているはずだ。金正恩がそれを受け入れないので二度目の米朝首脳会談が実現しないで、対北制裁が強まっているのだ。

金正恩が核廃棄を決断したのか、時間稼ぎを狙っているのかについては、首脳会談と共同声明だけからは断定は出来ない。繰り返し書くが、私は今後の展開によっては、すべてではないにしてもかなりの量の核ミサイル廃棄を決断する可能性があるとみている。

なぜなら北朝鮮の核開発の目的は韓国の赤化併呑であり、そのためには国家保安法とそれにもとづいて体制擁護活動をしている国家情報院を解体し、米韓同盟を破棄して米軍を撤退させることが必要だった。本書第四章で詳しく見たように、文在寅政権下ですでに国家保安法と国家情報院は有名無実化している。

文在寅政権が発足した二〇一七年五月以降、国家保安法違反捜査件数が激減している。法務部の資料によると、二〇一七年五月から二〇一八年四月までの国家保安法立件者数は二十八人だ。李明博、朴槿恵時代九年の平均の年七十九人に比べて著しく減少している。その上、二十八人中、起訴されたのはわずか九人だけだ。反国家犯罪、すなわち韓国政府を転覆して北朝鮮の支配を企む犯罪行為が少なくなったのではない。文在寅大統領が国家保安法廃止論者であり、政権中枢部に多数の国家保安法前科者で明確に転向宣言をしていない元主体思想派活動家らが入っていることから、事実上捜査ができなくなっているのだ。

文在寅政権は国家情報院がもつ保安法捜査権を警察に移管するとしているが、その警察も二〇一七年末、国家保安法捜査人力を二百人減らし残りの人力も朴槿恵、李明博時代に不法にネットに書き込みをして内政に介入したとするネット書き込み事件の捜査対象とされており、保安法捜査はマヒしている。

このような重大な韓国の自由民主主義の破壊が行われているのに、日本のマスコミはほとんど報じない。

北は「ベトナム型統一」を狙っている

しかし、金正恩はこれをよく知っている。彼は二〇一八年に入り、七十年ぶりに訪れた統一のチャンスだ、ベトナム型の統一の案を作れと、金英哲統一戦線部長に命令したという。これは私が北朝鮮内部から入手した情報だ。

ベトナム型とは米国と平和協定を結んで戦争を終わらせ、米軍を撤収させた後、いっきに武力統一を行ったやり方を指すと見られる。その法案を作った責任者が南北対話の窓口となり、今回の米朝首謀会談でもポンペオ長官の交渉相手だった。彼は文在寅政権幹部らと日程を調整して、南北首脳会談と米朝首脳会談の日程を決めた。後者は韓国統一地方選挙の前日だった。その結果、金文洙・ソウル市長候補をはじめとする保守野党は惨敗した。

この状況を見て金正恩と与正は、核弾頭を米国に引き渡しても平和条約を結べば、韓国国民が戦争は終わったのだから米軍は必要ない、南北が同じ民族同士で助け合う連邦制の統一がよいと選挙で選択する可能性があると判断するかもしれない。

トランプ大統領はそれを実現するために首脳会談後も厳格な制裁を維持強化している。だから、金正恩が核ミサイルを放棄する決断を下すことも十分ありうる。そうなればトランプ大統領は歴史に残る業績を上げる。一方、そのときに韓国は金正恩の狙い通り、自由陣営を離れる「国家的自殺」（韓国保守リーダ趙甲済氏の言葉）をするかもしれない。

ただし、二〇一九年初めの段階で経済政策の失敗と内部告発による政権スキャンダルの続発で文政権の支持率は急落し、ついに不支持が支持を上回った。韓国保守による文政権批判、国家正常化運動がどこまで成功するかが焦点となっている。

日本は「プレイヤー」になった

ここからは、以上のような米朝首脳会談後の状況を日本人拉致被害者救出にどのように結びつけるかを論じたい。米朝首脳会談により、北朝鮮による拉致被害者の救出題は大きな進展を得た。トランプ米大統領は北朝鮮の金正恩労働党委員長に拉致問題を提起したと会見で話した。

米朝首脳会談の直後の二〇一八年六月十二日夜、安倍晋三首相は「この問題についての私の考えは、トランプ大統領から金正恩委員長に明確に伝えてもらった」と語っている。日本政府関係者は「トランプ氏は正恩氏に、日本に経済協力をしてもらいたいなら、拉致問題にしっかり取り組むように言った」と記者に語っている（東京新聞六月十三日）。

また、首脳会談の二日後の六月十四日、家族会主要メンバーと私は首相官邸に急遽呼ばれて安倍首相から米朝首脳会談について説明を受けた。そこで安倍首相は、共同声明には書かれなかったが、トランプ大統領はたしかに金正恩に対して拉致問題を提起してくれた、具体的には自分の拉致問題に関するメッセージを伝えてくれた、と語った。

トランプ大統領は金正恩氏に核ミサイルの完全廃棄を迫り、それをしないと斬首作戦（軍事攻撃）を実行すると脅すというムチの役割を担った。しかし、金正恩が核ミサイルを廃棄した場合に与えるアメ（見返り）について、米国は金を出さないと繰り返し語っている。金正恩氏に、カネは安倍が出すから安倍と会え、ただし安倍は拉致問題が解決しないとカネを出さないと言っている、と伝えたのだ。

米朝首脳のディール（取引）に拉致問題が組み込まれた。日本から見ると、これは大きな外交成果だ。米国の軍事圧力を拉致解決の後ろ盾に使うことができる構造を作り上げたことになるからだ。つまり、日本は蚊帳の外などではなく、米朝のディールの一角に拉致問題解決と経済協力を組み込ませることに成功してプレーヤーになっているのだ。

安倍首相はそのことを踏まえて「拉致問題は、トランプ大統領の強力な支援をいただきながら、日本が北朝鮮と直接向き合い、解決していかなければいけない」と語っているのだ。官邸で首相と面会してその決意を聞いた拉致被害者家族会メンバーは口々に、焦って日朝首脳会談を持とうとしないでほしい、確実に全被害者が帰ってくると判断できてから金正恩と会ってほしい、と語った。家族会は制裁一辺倒で対話をしない安倍総理に不満を抱いているというトーンの報道をしてきたメディアもあるが、誤報だと断定できる。

安倍首相の考えをトランプ大統領から聞いた金正恩氏は、「解決済み」という紋切り型の回答をしなかったという。私は二〇一八年五月に北朝鮮内部につながる筋から、「金正恩政権は、米朝会談がうまくいけば次に日朝首脳会談を考えている。そこで多額の資金を得ようと考えている」と聞いた。

したがって、安倍首相は焦って日朝首脳会談を求めてはならない。被害者に関する極秘情報を扱う情報部署のプロを密使として裏交渉を持つべきだ。それから、全被害者の即時一括帰国が実現できると判断したとき、交渉を表に出して外務省に引き渡すのだ。米国でも、北に拘束されていた米国人を救出するにあたっては、中央情報局（CIA）が水面下で交渉した後、国務省に交渉権限を移した。安倍首相もその手法を見習ってほしい。金正恩氏が全被害者の即時一括帰国を決断したことを確認した段階で、その見返りを話し合うために、安倍首相が金正恩氏と最終談判をするしかない。

「もしウソをついたら決裂だ」と伝えよ

ここで安倍晋三総理が日朝首脳会談にあたって示すべき姿勢について書きたい。一言で言えば、金正恩ときちんと取り引きをするということだ。そのためには、第一に、こちらの要求の内容を明確に示し、第二に、相手が要求をのむ場合に与える見返りの内容をも明確に示すことだ。

まず、第一の要求の明確化について、だ。こちらの要求は当然ながら「全被害者の即時一括帰国」だ。その場合、警察が拉致の疑いがあるとして捜査している八百人以上を皆返せということを求めてはいないと、明確に伝えなければならない。その上で、全被害者の一括帰国は譲れないがこちらには全員の名簿はない。しかし、北朝鮮は全員の名簿を持っている。正直に全員出さないと見返りはない。まず、そのリトマス試験紙として、二〇〇二年の段階で「死亡」とされた八人の説明はウソだったと認めて八人を帰国させなければ全員とは見なせないとはっきり伝えるべきだ。それから、認定被害者のうち北が拉致を認めていない曽我ミヨシさんをはじめとする四人を拉致したことを認め、日本政府認定十七人以外にも拉致した日本人がいることも認めなければならない。

あの時点で北朝鮮は遺骨などの死亡証拠を出すことが出来なかったのだから、八人は生存していたはずだ。その上、民間NGOである救う会も生存情報を多数持っているし、政府にはより多くの生存情報があるからだ。北朝鮮に対して今回八人について再度「死亡」と通報し、真正の遺骨などを「証拠」として出してくるなら、二〇〇二年以降に殺したと判断すると繰り返し伝えなければならない。

北朝鮮工作機関がヨーロッパの病院で遺骨をある温度で焼いた場合、DNAは抽出されて誰の骨か判別できるが、炭素による死亡年度推定が不可能になるという理論にもとづき、その温度を確定する実験を繰り返し行っていたからだ。彼らは生きている被害者を殺してその温度で焼いて本物が見つかったとして提出する謀略を準備していたのだ。私はこの情報を複数の北朝鮮筋から入手して、繰り返し警戒を呼びかけてきた。

もちろん、八人の他、政府認定被害者のうち北朝鮮がいまだに拉致を認めていない「未入境」とされた四人、それ以外の未認定被害者も絶対に帰ってこなければならない。しかし、再度書くが日本は全員で何人かは分からない。だから、金正恩に対して、「あなたは全被害者のリストを持っている。正直にその全員を返しなさい、そうすればば見返りを与える。しかし、もしウソをついたならば、合意は決裂し、見返りは一切ない上、最高度の圧力は継続する」と伝えるのだ。

第二の見返りの明確化について書く。安倍首相は拉致問題について繰り返し次のように語っていた。

「最終的には私と金氏で直接協議し、解決していく決意だ。問題解決に資する形で日朝首脳会談が実現すればよい。日朝平壌宣言に基づき不幸な過去を清算し、国交を正常化し、経済協力を行う用意がある。できる限りの役割を果たしていく」

つまり、見返りは、「日朝平壌宣言に基づき不幸な過去を清算し、国交を正常化し、経済協力を行う」ことだ。その金額は百億ドル、一兆円以上だ。二〇〇二年九月に平壌にいて現在韓国に亡命している党や政府の複数の元高官は私に「当時、小泉政権は早期に国交正常化をして百億ドルを超える規模の経済協力を行うと約束した」と証言している。全被害者の即時一括帰国が実現すれば国交正常化後、過去清算資金として百億ドル以上を提供できる、このことこそ日本が与える見返りだ。

二〇〇二年小泉首相訪朝時に外務省は、秘密協議で国交正常化後に提供できる経済協力の規模を百億ドル、約一兆円と伝えていた。これは当時、平壌の中枢部にいて、現在韓国に亡命した複数の元高官らが口を揃えて証言している。二〇一六年に亡命した元駐英北朝鮮大使館公使太永浩氏も、二〇一八年五月に韓国で出版した著書で次のように書いている。

「（小泉首相が平壌訪問して金正日と平壌宣言を発表した後）北朝鮮外務省内ではこの宣言に対する解釈問題とその後の対処方案に対して諸説紛々だった。このような雰囲気の中で、姜錫柱第一副外相が直接外務省の講堂で全体成員を対象に講演を実施した。（略）『（略）日本は植民地統治の被害に対して経済協力方式で補償すると約束した。少なくとも百億ドルは入ってくるだろう。百億ドルなら朝鮮の道路と鉄道など基本的下部構造はすべて現代化できる』

『百億ドル』という題目には私さえも胸が躍った。外務省の同僚たちもたいへん興奮した様子だった。その程度に大切で莫大な金額だった」（『三階書記室の暗号』二〇九～二一一頁）

日本政府は具体的金額を約束してないという公式的な立場をくりかえしている。しかし、安倍首相によると、小泉訪朝を準備した田中均・外務省局長は秘密交渉の記録の二回分を残していない。その中に百億ドルを約束した部分が含まれるのではないか。

米朝首脳会談が終わって、同じ数字がマスコミにリークされ、産経、日経、朝日がそれを紙面で書いていた。国連は北朝鮮のGNP規模を約二百億ドルと見ており、韓国銀行は約四百億ドルと推計している。ある情報筋によると北朝鮮経済関係者は自国のGNP規模を正直ベースで二百〜三百億ドルとみているという。百億ドルという金額は彼らにとってたいへん魅力的であることは間違いない。

金正恩は父の死後、後継者になった後、父が出来なかったこの百億ドルを日本から取ることで、父の権威を乗り越えたいと考えていたという。金正恩政権は百億ドルが取れなかった一番大きな原因は、核開発を問題にして日朝国交樹立に反対した米国の干渉だと総括し、金正恩は核ミサイル開発を続けながら米国の反対をかわしてどうしたら日本から百億ドル取れるか、「この難しい詰め将棋を俺が解いてみせる」と数年前から話していた。

金正恩の狙いを安倍総理とトランプ大統領は十分承知し、CVIDを飲め、飲んだら平壌宣言に戻って百億ドルもらえる可能性が開けるというメッセージを送ったのだ。トランプ大統領の立場では、自分が金正恩と行うディールの中に日本が出す百億ドルを見せ金として組み込んでいるのだ。トランプ大統領が拉致問題を取り上げたのは、安倍総理の熱意や人道主義の立場だけではない。自国第一主義の立場から自国の財布は開かず、かわりに日本のカネをディールに使おうと考えているからだ。

「百億ドルは現金なのか」

もう一つ、金正恩に明確に伝えるべき見返りがある。二〇〇二年、金正日は日本から百億ドルを取りたかった。だから拉致を認めて謝罪するという大きな譲歩まで行った。しかし、そのとき金正日は生存していた横田めぐみさんたち八人について、死んだと通報して返すなと指令した。その理由は秘密を知りすぎているということだ。

めぐみさんと田口八重子さんは工作員の日本人化教育の教官をさせられた。彼女達が教えた工作員が、日本人の身分を盗んで今も工作員として日本国内や第三国で活動中であるかもしれない。それら工作員を全員本国に引き揚げることなしにめぐみさんたちを返せない。また、田口さんは金正日の秘密パーティに出て公開できないような金正日のただれた私生活を目撃している。最高指導者一族の私生活を知っているのだ。だから、安倍総理がいまなすべきことは、秘密交渉で金正恩に対して、被害者を返すなら秘密を守ると約束して欲しいのだ。帰国後の被害者の生活は本人と家族の意向に従って決まり、政府はそれを支援するが、家族と支援者は被害者が帰ったら反北朝鮮の政治活動の先頭に立てるつもりは全くない、家族は静かに平凡な一国民に戻ることを希望しており、政府はそれを守ると伝えて欲しい。

ともあれ、繰り返すが、米朝首脳のディールに拉致問題が組み込まれたこと自体、日本から見ると大きな外交成果だ。米国の軍事圧力を拉致解決の後ろ盾に使うことが出来る構造を作り上げたことになるからだ。つまり、日本は蚊帳の外などではなく、米朝のディールの一角に拉致問題解決と経済協力の取引を組み込ませることに成功してプレーヤーになっているのだ。

平壌では日本の資金への期待が広がっている。私が二〇一八年八月に在京情報筋から入手したところによると、平壌の党幹部らの中で「拉致被害者を帰したら日本から百億ドルがくる」という認識が拡散しているという。情報筋の関係者は海外に出てきた旧知の党の幹部から「本当に日本は拉致被害者を帰したら百億ドルくれるのか。それは現金なのか。調べて欲しい」と質問されたという。

その幹部は「対日交渉は対米交渉の後にする。まず米国との話を進める。そして終戦宣言を出すことを狙っている。それができれば平和条約、米軍撤収につなげることができる」とも語ったという。

先述の通り、父が失敗した日本の資金を得ることを目指して、金正恩が「この難しい詰め将棋を詰ませてみせる」と数年前、語ったという情報がある。彼はその詰め将棋の一環としてシンガポールでトランプと会ったのだ。だとすれば、彼が拉致問題を大きく動かしてくる可能性はある。先に紹介した党幹部も百億ドルをもらう条件は拉致被害者の帰国だと認識していた。拉致問題を動かさなければカネは来ないということを対日部署以外の幹部も理解してきた。そこまでは来た。しかし、その動かし方が問題だ。

北朝鮮の政治工作部署である統一戦線事業部（統戦部）がシンガポール会談前後から猛烈な勢いで日本の政界、言論界などへ工作をしかけてきたのも、その時に備えるためだ。少なくとも統戦部は二〇〇二年に死亡と通告した横田めぐみさんたち八人を帰国させるつもりはない。だから、彼らの工作の狙いは日本に対して八人は死んでいるのだからと諦めさせて、その状態で八人以外の被害者の数人を返すなどして大規模な資金を得ようということだ。

北の対日工作を警戒せよ

ここで、米朝会談後に出てきた危険な論調や動きについて指摘し、警戒を高めたい。まず、両人共にたいへん有名な日本の朝鮮問題専門家一人と国際政治学者一人がとんでもない発言をしているということを指摘しておく。すなわち、小此木政夫慶応大学名誉教授と中西寛京都大学教授の二〇一八年六月十四日の毎日新聞の識者座談会での発言だ。

小此木氏は、日本政府の拉致と核ミサイル問題が解決した後、国交正常化をするという方針を批判して、北朝鮮の主張する、先に国交正常化をすべきだと以下のように語っている。そこで、拉致問題を「家族の要請」の問題と矮小化し、国家犯罪による主権と人権の侵害という本質を無視している。

〈今の日本は、拉致問題、核とミサイル問題を解決してから国交正常化という方針だ。核・ミサイルは北朝鮮が行動に移さないと解決にはならない。拉致問題は被害者家族の要請が非常に強い。間違いなく難しい状況になってゆく。北朝鮮は、日本

と優先順位が逆で、国交正常化をまず先に要求する。日本が優先順位を再調整するくらいの覚悟が必要だ〉

中西氏は、政府が被害者の生存を前提としていることに疑問を呈し、死亡の証拠が何もないのに現段階で死亡を受け入れよと言っている。その上、拉致解決なしに経済支援しないという政府方針に反対し、非核化のための経済支援を拉致解決前に実施せよと迫っている。

〈北朝鮮を信用できないから拉致被害者の生存を前提にする交渉手法も分からなくはない。だが不幸にも死亡していた場合はどう決着するか、日本の外交関係者は明確にする必要がある。結局、日朝平壌宣言の基本趣旨である、懸案を解決して国交を正常化するとの方針に立ち返ることになるだろう。国交正常化交渉と並行して、非核化で日本が一定の役割を果たすというのが、今考えられる最善ではないか。拉致の解決なしに経済支援をすれば世論の反発も強いが、非核化は正当性があり、朝鮮半島に関わる重要なチャンネルになる〉

このような声が大きくなれば、来たるべき日朝協議で、拉致解決なしに支援なし、解決とは全被害者の即時一括帰国と迫る安倍総理の立場が弱くならざるを得ない。重大な利敵発言だ。

六月十八日には、米国の対北ラジオである自由アジア放送がソウル発で、現在、日本人拉致被害者のうち死んでいる者の遺骨を国家安全保衛省が特別管理しており、その中には二〇一二年に精神病院で病死した横田めぐみさんの遺骨も含まれている、という内容を「平壌の消息筋の情報」として伝えた。同放送は政治的に偏ってはおらず、意図を持ってこの報道をしたとは思えない。この報道はソウル発とされているから、ソウル駐在の記者が独自の取材で本当に、北朝鮮内部からこの情報を入手したのだろう。

つまり意図的に北朝鮮当局が横田めぐみさんら被害者の遺骨が存在するという情報を流してきたと解釈すべきだ。この情報でめぐみさんが死んだとされた二〇一二年とはストックホルム合意で再調査が始まる二年前だ。当時、私のところに生存しているめぐみさんらを殺して火葬し、本物の遺骨を作って死亡の証拠として出そうとしているという情報が複数入ってきた。当初の説明の通り九四年に死亡したとするには遺骨が新しすぎるので、二〇一四年の段階で二年前に死亡したという説明を付けて再調査報告書と共に、本物の遺骨を出そうとする陰謀が準備されていたのではないか。それを、日朝協議をはじめようとするこのタイミングで再度持ち出そうとしてきた疑いがある。

六月二十一日には、二〇一一年以降、活動を停止していた「日朝国交正常化推進議員連盟（日朝議連）」が国会議員会館で総会を開き、約四十人の与野党議員が集まった。石破茂議員も総会に出席していた。同議連は、会長に対北融和派の衛藤征士郎元衆議院副議長が就任した。幹事長には二〇〇二年の田中均氏の対北外交を称賛する中谷元元防衛大臣が、副幹事長には二〇〇四年に横田めぐみさんたちは死んでいるとする北朝鮮情報を吹聴してまわり家族会・救う会から抗議を受けて拉致議連事務局長を辞任した平沢勝栄議員が就いた。

同議連は二〇一一年、訪朝を計画し、自民党内からの強い抗議と家族会・救う会の反対などのため断念した経緯がある。そのとき、衛藤征士郎議員は以下のごとく公然と、拉致問題は国交正常化後に解決すれば良いと語っていた（産経新聞二〇一一年十一月二十七日）。

「（日朝）議連の基本的な立ち位置は、国交正常化へのテーブルを作り、正常化後に拉致やミサイル、核などの問題をテーブルに載せ、ひとつひとつ解決する努力をしていくということだ。」「拉致問題の全面解決なくして国交正常化に踏み込んではならないという考え方はどうだろうか。拉致問題は国交を正常化し、公式のテーブルの上に載せて解決していく方が早い」「国交正常化したら、日本政府として拉致問題について、オランダのハーグの国際司法裁判所に提訴することもできる。今は国交がないから、できないのだ」「超党派の拉致議連は北朝鮮を孤立化させないと拉致問題は解決しないという立場だが、どうやって拉致問題を解決するのか私には理解できない。国交を正常化させた方が拉致問題は早く解決する」（傍線西岡・以下同）。

私も二〇一二年に自民党内の会議で衛藤元副議長に対して直接、圧力なくして北朝鮮を動かすことは出来ないと反論した記憶がある。さすがに、衛藤氏らは今は国交正常化後の拉致解決という持論を表には出していない。彼らは今、早急に日朝首脳会談を実現させるべきだと主張する。安倍総理は拉致問題の解決につながると言う見通しが立って初めて首脳会談を持つと前のめりを警戒しているが、衛藤氏らは北朝鮮メディアや国内の朝日など反安倍メディアと歩調を合わせて日本だけが蚊帳の外だ、このままでは取り残されるなどと語っている。

田中均氏の危険な提案

私は最近、衛藤氏が自民党の会議で外務省局長らになぜ早く日朝会談を持たないのかと叱責する場面を目撃した。また、議員外交を強調しているから二〇一二年に断念した議連としての訪朝を狙っているのだろう。衛藤氏の後ろには朝鮮総連がいるはずだ。

先に書いた衛藤氏が会長を務める日朝議連は、二〇一八年六月二十一日の総会に識者として朝鮮総連の機関紙「朝鮮新報」の平壌支局長金志永氏と田中均氏を呼んで講演をさせた。金氏は拉致問題は解決済みという北朝鮮の公式立場を講演で強調した。そのような講演を国会議員らが議員会館で聞いていること自体、一体どこの国の議員なのかという強い疑問がわいてくる。

田中均氏は講演で、拉致問題の解決のために平壌に連絡事務所を置いて日朝合同調査を続けることを提案した。そこで田中氏は「常識的に考えて、生きているか死んでいるか分からない人がいる。拉致問題に真剣に取り組むならば、その調査をしなければならない」と語った。

また、田中氏は七月三日、日本記者クラブでの講演で「拉致問題の解決を具体的に言うには当然、何人が拉致されてどうなったのかという事実関係をきちんと明確にする努力をしなければいけない。私がアジア大洋州局長をやっていたときも調査団を送った。得た資料は十分でないし偽りもあった。

北朝鮮との外交で一番大事なのは、相手を信じられないので、ありとあらゆる手立てを打ち、真実を突き止めることだ。だから北朝鮮との合同調査団を作り協力させる。平壌に日本政府の連絡事務所を作り、恒常的な仕事として拉致被害者の捜索にあたるべきだ」と話した。

この提案はたいへん危険だ。なぜなら、平壌に連絡事務所を作って日朝が合同で調査するということは、「被害者死亡」の確認作業するということを意味するからだ。生きている被害者はすぐ全員帰国させることになる。当然、調査は帰国後、日本独自で行う。特に、北朝鮮で他の拉致被害者を目撃したり、話しを聞いたりしていないかについては徹底的な調査が必要だ。

では、北朝鮮で行う調査とは何か。生存者を捜すことが含まれるのか。人間は自分の足で移動してしまう。北朝鮮が隠そうと決めている被害者を日本が合同調査で発見できるはずがない。したがって二〇〇二年と二〇〇四年に訪朝した日本政府代表団のように「死亡の経緯」の説明を聞いたり、「死亡現場」と称する場所に連れて行かれたりするだけだろう。もしかすると山に連れて行かれてここに拉致被害者の骨が合葬されているが、墓も作らず記録もないので誰の骨がどこに埋められているか分からなくなっている等という説明をきかされるかもしれない。

つまり、田中氏ら合同調査や連絡事務所設置を提案する人々が考えている拉致問題の解決とは、日本側が横田めぐみさんたち八人の死亡など北朝鮮が二〇〇二年に通報してきた調査結果なるものを受け入れることなのだ。世論を納得させるために、日本の警察などが北朝鮮に行って北朝鮮側と合同調査を長期間行い、それが続く間に先に国交正常化を実現させようとしている。

最近、北朝鮮工作機関が行っていると思われるめぐみさんたちが死んでいるという謀略情報の拡散と、田中氏らが主張する北朝鮮に連絡事務所を設置して合同調査を行うという提案は裏と表のセットだ。衛藤氏らや田中氏は自分たちの言動の危険さを自覚しているのだろうか。

田中氏は講演で安倍首相の外交は国内のナショナリズムに迎合して、強き一辺倒の姿勢を取り成果を上げていない、プロの外交官を活用せよと批判している。私は田中氏の安倍批判に強い違和感を感じざるを得ない。田中氏は二〇〇二年、小泉訪朝を準備するとき拉致被害者救出を優先する外交を展開していたと強調しているが、それはウソだ。

田中氏は同年九月十七日、首脳会談開催前に北朝鮮側から「五人生存、八人死亡、それ以外はいない」とされる拉致被害者調査結果を受け取り、確認作業を一切しないまま、東京で待つ家族に「お宅の娘さんは死亡しました」という式に死亡通告を行わせた。家族の多くは「慎重に確認作業をしています」という説明を聞いて数時間待たされた後、死亡通告をきいたから、そのときは死亡を信じてしまった。翌日の朝、平壌に同行していた安倍官房副長官（当時）が家族会・救う会の宿所を訪ねてくれ、日本側は死亡確認作業をしていない、ただ北朝鮮が死亡と伝えてきただけだと伝えてくれた。私たちは緊急会見を開いて、死亡は確認されていない、「死亡者」、「遺族」という言葉を使わないで欲しいと訴えた。それがなければ多くの国民は死亡説を信じて、国交正常化を支持していただろう。田中氏は国交正常化という自身の外交官としての手柄を立てるために、検証なしで横田めぐみさんらの死亡を日本国内に信じさせようとしたのだ。

また、五人の被害者が日本に帰ってきたときも、本人らが日本に残って子供らを待つという決断を秘密裏に伝えていたにもかかわらず、五人を北朝鮮に戻そうと主張していた。田中氏は、氏の言うところの外交を被害者の人権や国家の主権よりも大切にしているのではないかと疑わざるを得ない。田中氏への批判はここまでにしよう。

安倍首相と石破氏との拉致認識の格差

現在の安倍政権は「被害者の「死亡」を裏付けるものが一切存在しないため、被害者が生存しているという前提に立って被害者の即時帰国と納得のいく説明を行うよう求め(る)」という基本的立場を堅持している(政府拉致問題対策本部)。

北朝鮮は二〇〇二年から「拉致したのは十三人だけでそのうち五人は帰国させ八人は死亡しているのでその証拠を出したから拉致は解決済み」と言い続けている。しかし、彼らは死亡と通報してきた八人のうち誰についても死亡の客観的証拠を出せなかった。二人分提供された遺骨も他人のものだったし、死亡診断書や交通事故調書も偽造されていた。この点の詳細は政府拉致問題対策本部作製の「北朝鮮側主張の問題点」というパンフレットが写真入りで分かりやすくまとめている。同本部のホームページにも全文アップされているから、ぜひ一度熟読して欲しい。

二〇〇二年の時点で死亡の証拠を出せなかったということは、その時点で生きていた可能性が高いことを意味する。その上、北朝鮮内部から多くの生存情報が出てきている。救う会のような民間団体でも横田めぐみさん、田口八重子さん、有本恵子さんらについてはかなり詳細な情報を入手できている。それ以外の政府認定被害者らについても生存情報は多数ある。

政府は救う会などとは比べられない豊富な予算と人材を使って情報収集にあたってきた。すでに多くの生存情報が政府にあることは間違いない。ただ、それが事前に漏れると北朝鮮が逆利用してくる恐れがあるから、絶対に秘密は守らなければならない。

ところで、北朝鮮の対日政治工作のターゲットが自民党の総裁選挙だった。二〇一八年九月十四日に日本記者クラブで持たれた安倍首相、石破茂元幹事長の討論会からその実態がよく分る。石破候補と安倍首相への質問をした記者の認識は、統戦部の工作と方向を同じくする危険なものだった。安倍首相が的確に反論していたので一安心できたが、その後の報道で石破批判、質問した記者批判がほとんど起きなかった。まず、石破氏の拉致問題に関する発言を引用しよう。

〈平壌に日本の、東京に北朝鮮の連絡事務所を置くところから始めなければいけないと思っています。①つまりストックホルム合意で、北朝鮮がいろんなことを言ってきた。だけど、これは信用ならないっていうことで無視することになっちゃったわけですね。そこから足がかりは何もなくなってしまったわけですよ（傍線と数字西岡・以下同）〉

〈外交交渉ですから、一つ一つ確認をしていかなければ前進はないのであって、②向こうがいろんな情報を出す。じゃあそれは本当なのかということを、日本として確認をしていかないといかんでしょう。一つ一つ積み上げていって、お互いが連絡員事務所を持って、向こうの出す情報をきちんと日本国として確認をしていく。その末にこの解決はあるのだと思っています〉

〈着実にやっていかなければならないし、北朝鮮は北朝鮮として、体制の生き残りをかけて、ものすごく大きな絵を描いているわけですよ。われわれとして、それも念頭に置きながら③一つ一つ着実に、少しずつ進んだねと。その先に拉致問題の解決がある、ということは絶対に忘れてはならないことです〉

問題発言ばかりだ。石破氏は日本の政治家として全被害者を助けようという意思があるのか疑わしい。私には日本と北朝鮮の中間に立って中立的評論家として、ものをいっているとしか聞こえない。

①は重大な事実誤認を犯している。拉致問題について「ストックホルム合意で、北朝鮮がいろんなことを言ってきた」という事実は存在しない。北朝鮮が公式会談では彼らは拉致に関する調査は終わっていないが、日本統治時代の日本人墓地や日本人妻・残留者などについての調査から先に報告したいと言ってきた。安倍政権は拉致優先だと報告を断った。これが公開されている事実だ。

②でいう連絡事務所を作って一体何を確認するのか。先に書いたとおり、北朝鮮は二〇〇二年から二〇〇四年にかけて「拉致したのは十三人だけ、五人帰国させて残り

八人は死亡した」とする調査結果を報告してきた。しかし、その内容は偽造された死亡診断書や病院死亡台帳、ニセ交通事故書類、ニセ遺骨などばかりで、八人死亡を証明する客観的証拠は一つもなかった。

石破氏は北朝鮮が出してきたニセ証拠についてあらためて調査する必要があると考えているのだろうか。そうでなければ、連絡事務所設置を現段階で提案する理由はないはずだ。石破氏は内心、八人死亡、これ以上、被害者はいないという北朝鮮の一方的主張を信じているのではないか。

横田めぐみさんが拉致されて四十一年経った。この後に及んで「③一つ一つ着実に、少しずつ進（める）」と語る神経を疑う。家族会・救う会だけでなく石破氏が過去に会長をしていた拉致議連も「全被害者の即時一括帰国」を求めていることを無視する発言だ。

統戦部の工作と一体化していたのが、同日の討論会で安倍首相に質問した毎日新聞の記者だった。その質問を引用する。

〈拉致問題で一つ懸念していることがある。安倍晋三首相は「拉致被害者、生きて全員奪還する」とおっしゃってきた。④北朝鮮との事実認識の差を埋める努力をしなかったのが、拉致問題を長引かせた一つの要因だと思う。拉致問題のゴールはどこにあるのか。何を解決すれば拉致問題の解決になるのか。首相がずっと「全員奪還」とおっしゃったが、本当に確証があったのか。⑤もし不都合な真実が出てきたらどういう責任を取るのか。教えてください〉

ここで④「北朝鮮との事実認識の差を埋める努力をしなかった」と安倍批判がなされた。記者ならばまず事実関係を取材するべきだ。いま日朝間に存在するのは「事実認識の差」ではない。北朝鮮がウソをつき日本が怒っている、のだ。拉致した側が死亡の客観的証拠を出せなかったから、助けようとする側はそれがない以上、全員生存を前提にするということだ。

⑤「不都合な真実が出てきたらどういう責任を取るのか」という質問にもあきれ果てる。もし死んでいるなら、拉致して、死亡させた側が加害者だ。なぜ、安倍首相の責任を問うのか。助けようという意思がないのだ。

安倍首相はこのひどい質問に的確に答えている。

〈日本人を拉致したのは彼らです。一体どうやって、何人拉致をしているかという全貌は、私たちは分からない。はっきりと認定できているのは十七人であります。そこで、死亡したという確証を、彼らは出していないわけです。彼らが送ってきた遺骨は実は違った。であるならば、政府としては、生きているということを前提に交渉するのは当たり前じゃありませんか。私たちがそうではない（生きていない）と疑っているということになれば、彼らは『自分たちが言っている通りでしょう』ということになる。

拉致問題を解決するというのは、まさに実行している彼らが私たちを納得させるということに他ならないわけであります。まさに実行したのは彼らであって、拉致をされたのは日本側であります。その観点を忘れては、まさに北朝鮮の思うツボなんですよ。この思うツボにはまってはならないわけでありまして、われわれが死亡を確認できない以上、政府として生きているということを前提に交渉しなければならない〉

自民党総裁選は安倍首相の勝利で終わった。その意味で統戦部が仕掛けてきた激しい政治工作は失敗したと言える。金正恩にこの安倍答弁が正しく伝われば、全被害者の即時一括帰国を議題にしてその条件を話し合う安倍・金正恩の最後の交渉が成立する余地が生まれる。この安倍答弁をオールジャパンで叫び続けるときだ。

金正恩は、トランプをだませなかった

米朝首脳会談から本書執筆の二〇一九年一月初めまで半年以上が経った。現状を一言で言うなら、膠着状態だ。北朝鮮の核ミサイル廃棄も日本人拉致被害者の救出もまったく進んでいない。しかし、私はこの膠着状態は良い兆候だと思っている。

なぜなら、その理由が米国と日本が当初の要求を下ろしていないことだからだ。トランプ政権は短期間での核ミサイル全廃を、安倍政権は全拉致被害者の即時一括帰国を求め続けているが、金正恩がそれを行う決断をしないで揺さぶりと政治工作をかけてきている。このまま、日米が要求を下ろさず、北朝鮮への圧迫を続ければ十分希望はある。勝負はこれからだ。核ミサイル放棄も拉致被害者救出もまだ十分にチャンス

はあると見ている。

金正恩の誤算があった。彼は米朝首脳会談でトランプをだませば、韓国や中国から多額の資金支援がきて、経済再建が一定程度可能になると踏んでいたようだが、それは実現していない。

そもそも昨年、国連安保理がかけた経済制裁は北朝鮮の貿易による外貨収入の九割と輸入に頼っているガソリンなど石油精製品の九五％を奪う厳しいものだった。二〇一八年四月の金正恩の訪中後、中国は水産物などの密輸の取り締まりを緩めた。しかし、税関を通じての正規の貿易では制裁を破ってはいない。破ったら米国から二次制裁がかけられ密輸に関わった企業と銀行が国際金融市場から追放されるという脅しがきいている。

金正恩は習近平に特区として開発を計画している国境地帯、鴨緑江河口の黄金坪への大規模な投資を要請したが、何も動いていない。中国企業は投資する気などない。インフラ、設備を作っても取られてしまうだけだからだ。中国企業は対北投資ではなく、北朝鮮の安い労働力を中国に連れてきて使いたいと考えている。中国人労働者は月給二千五百元だが、北朝鮮労働者は一千元で使えるからだ。

八月の北朝鮮人民らへの政治講演のための資料にも、中国への不信感が表明されている。そこでは次の四点が強調されているという。

1　金正恩が三回も訪中したが、中国を信じてはならない
2　南朝鮮を信じてはならない
3　米国を信じてはならない
4　ただ自力更生だけが生きる道だ

シンガポール会談直後の別の講演資料でも同じことが言われていた。

「金正恩のペッチャン（度胸の良さ）で世界最強の軍隊を持つトランプとも対等に渡り合った。日本をはじめ世界中が金正恩に会いたがっている。しかし、今のところ中国と韓国は米国のヌンチ（見張り）を見て支援をしない。米国は核を完全に廃棄させ資本主義を導入させようとしている。資本主義が入ってきたら住民の生活は今よりもっと苦しくなる」「資本主義に幻想をもつな」

そして、むしろ韓国製品に対する取り締まりが強化されている。

金正恩は米日韓から経済支援を得て二〇一八年九月九日の建国記念日から住民らへの配給を再開しようと考えていた。まず平壌で開始し、その後地方でも行う計画だっ

た。しかし、それどころかこれまでは記念日の度に住民に配られた贈り物も出来なかったという。それらが不可能になって、金正恩はいらついている。

シンガポール会談後、金正恩は経済施設への現地指導を繰り返している。訪問先で事業がうまくいっていないと幹部らを怒鳴り散らしている。叱責された幹部はみな更迭させられたときいた。しかし、幹部らは電気も資材もなくてどうせよというのかと不満をつのらせているという。

金正恩が大号令をかけて進めている元山のカルマ観光団地建設も予定通り進んでいない。当初は囚人を労働動員したが、国際社会にばれたら批判されると考え、民間人を動員した。全国の人民班（十から二十世帯で構成）から五人程度出させる。一番貧乏な家が人を出す。出せば中国貨幣で月二百元もらえる。それだけあれば食べていけるので貧困家庭は喜んで人を出している。国策工事の動員労働者らへの給料が自国貨幣でなく中国のカネなのだ。人民らが自国通貨をもらっても喜ばないという事実を当局自らが認めているのだ。そこまで北の経済はおかしくなっている。だから経済制裁は効果があるのだ。それでも労働力が足りず、最近、五軍団と二軍団から軍人を動員している。

一方、金持ちはやりたい放題贅沢をしている。貧富の差が拡大している。平壌に高級商業施設ビルが建設されている。表向きは外国人（中国人が主）が投資したという形式が取られる。利益の七割が投資者に渡る。本当に中国人が投資している場合と北朝鮮の金持ちが中国人の名義を借りて投資している場合とがある。カラオケ、レストラン（和食洋食）、カフェ、サウナなどの複合ビルだという。二～三人で一回食事すると二百から三百ドルかかる。アイスコーヒー十一ドルだというから日本よりも高い。

金正恩独裁政権は追い込まれないと譲歩しない

二〇一八年十二月時点で、被害者救出に直接つながる具体的な動きをつくり出すことは残念ながらできていないが、北朝鮮は厳しい経済制裁の下、一部で餓死者が出るほどに追い込まれ、幹部や住民の間で金正恩政権への不満が高まっている。

独裁政権は追い込まれないと譲歩しない。そのことを正確に理解している安倍首相とボルトン国家安全保障担当補佐官が支えているので、トランプ大統領は金委員長を気に入っているなどと言いながらも、経済制裁を強化し続け、金委員法が核ミサイルを放棄する決断をしないなら物理的手段を使うこともあり得るという姿勢を取り続けている。

家族会、救う会、拉致議連が二〇一八年十二月十四日に開催した国際セミナーに参加した脱北者の人権活動家、金聖玟氏が入手した北朝鮮内部資料によると、九月以降、金正恩政権は米国が制裁を緩めないことに気づき、「自力更生」と「自給自足」で経済危機を乗り越えようという政治宣伝を繰り返している。

金聖玟氏が北朝鮮内部から入手した二〇一八年十月の幹部用学習提綱（政治学習資料）では次のように述べている。なお、「幹部」とは、初級党（二百人以上の党員）書記、事業所支配人、軍の連隊長以上あるいは大佐以上を指す。

〈今、制裁の棍棒をふりまわしている帝国主義者らの本心は自主的な国々の生存権と発展権を各方面から抑制して国力を弱体化したあと、彼等の侵略目的を容易に達成しようということだ。そして核覇権を喪失した敵どもが制裁封鎖を最後の手段としている今日、経済建設分野は社会主義と帝国主義の勝敗を決定する最終決戦場だといえる。今、一部の活動家たちは敵どもの制裁が解かれることを無限定に待っていて、自分の力で立ち上がる考えをしていない。これは敵どもの仕掛けた罠に首を差し入れる自殺行為だ。全般的情勢が革命に有利になるように、より高く発揮しなければならないことが、自力更生の逃走気風、自力自強の精神だということを骨と肉に刻み込まなければならない。我々は敵どもが制裁を継続するならせよ、我々は自力更生、自給自足のスローガンをより高く掲げ社会主義強国建設をより加速して進むという気概を持って仕事をしなければならない〉

同じく金聖玟氏が入手した十月の「工業部門党員用学習提綱」でもこう書かれていた。

〈（二〇一八年）六月のシンガポール朝米首脳会談と共同声明の発表後にも我々に対する敵どもの圧迫攻勢は少しも緩んではいない。米国が我々の政治軍事的威力に恐怖を抱き、見える前では対話の場を開きはしたが、経済制裁の凶悪な本心はけっして変わっていない〉

また、金聖玟氏が北朝鮮内部の通信員から最近聞いたところでは、住民は次のように語って不満を募らせている。

〈金日成、金正日から金正恩まで三代にかけ、半世紀を超えて自力更生、自給自足と言って生きてきたが、これ以上の自給自足とは、もう一回山に入って松の木の皮をはがし、草を抜いて、それを食えということと同じだ〉

トランプ政権は、北朝鮮への直接制裁に加え、北朝鮮と取引のある外国金融機関をドルの決済網から排除するという「二次制裁」を使って、中国や韓国が北朝鮮を支援することを効果的に抑えている。したがって時間は我々の味方だ。このままいけば、金正恩政権は餓死者の大量発生で極度の社会不安に見舞われる。それを逃れる道は、核ミサイルを放棄する決断をして、本章で詳しく書いたように、その代価に一兆円ともいわれる多額の支援を日本から獲得する道しかない。日本から支援を得るためには拉致問題を動かさざるを得ない。この構造がしっかりできている。

金正恩に拉致被害者の「一括帰国」を決断させるために……

私は二〇一八年十二月中旬に北朝鮮内部筋から次のような内部の動きをきいた。金正恩が十二月にソウルを訪問することを真剣に検討した。妹の与正は訪問して高速鉄道にも乗り、発展した産業施設を見るべきだと主張した。しかし、夫人である李雪柱が、テロに遭うなどと言うことはないだろうが、保守派が反対デモを行って金正恩の肖像画を焼くなどと言う抗議を行えば、最高指導者としての権威に傷がつくと反対したという。最終的に、現段階で米国が制裁を緩めていないから文在寅政権は大規模な対北支援が不可能であり、それなら危険を犯してソウルを訪問する必要がないという結論となったという。

また、米朝首脳会談や三回の南北首脳会談によって、北朝鮮では幹部も住民も、制裁が緩み、経済支援が入ってきてどん底状態の経済が良くなるのではないかという期待が広がっていたが、それが実現しないで上部からは「自力更生、自給自足」という指令しか降りてこないことに対する不満が高まっている。金正恩は米朝首脳会談後、米兵遺骨返還や核実験場、ミサイルエンジン実験場などの放棄を実行して、行動対行動で米国から終戦宣言や制裁緩和などの譲歩を得ようとした六月の段階でのもくろみがはずれ、米国からまったく制裁緩和という譲歩を得られていない状況に焦りを覚えている。金正恩は家族や側近らと、二〇一九年に米国に対して長距離核ミサイルだけを放棄し、中短距離ミサイルは残すという線で譲歩して制裁緩和を勝ち取ることを真剣に検討しているが、やはり、その米朝交渉が先で、日朝交渉は米朝が一定程度進んだ後に行うという従来の方針は変化がない、という。

だから、拉致被害者救出のためには越えなければならない山が二つ残っている。まず米朝がどこまで進むのか、言い換えると金正恩がトランプ政権の求めるすべての核ミサイルの放棄を決断して米朝交渉を進めるかどうかが第一の山だ。

それが実現したとしても、来たるべき日朝交渉で金正恩が全被害者の即時一括帰国を決断するかどうかがもう一つの山だ。

先に見た二〇一八年に活発化した対日政治工作に表れているように、米朝の後に日朝交渉に臨む金正恩が、父親の金正日と同じく、生きている拉致被害者について「死亡した」と虚偽の報告をしてくる可能性はある。

朝鮮労働党統一戦線部と日本の中のそれに呼応する勢力は、その形に持ち込むことを狙って二〇一八年、露骨な工作を展開した。二〇一九年になって米朝核交渉が動き、それに伴って日朝関係が動く時に、一回しかない機会を生かして、全被害者の一括帰国を金委員長に決断させることができるか、まさに正念場を迎えている。

西岡 力（にしおか・つとむ）
1956年、東京都生まれ。国際基督教大学卒業。筑波大学大学院地域研究科修了（国際学修士）。韓国・延世大学国際学科留学。外務省専門調査員として在韓日本大使館勤務。東京基督教大学教授を経て、現在、（公財）モラロジー研究所教授・歴史研究室長、麗澤大学客員教授。「北朝鮮に拉致された日本人を救出するための全国協議会（救う会）」会長。著書に、『ゆすり、たかりの国家』（ワック）、『朝日新聞「日本人への大罪」』（悟空出版）、『なぜニッポンは歴史戦に負け続けるのか』（日本実業出版社・共著）ほか多数。

歴史《れきし》を捏造《ねつぞう》する反日国家《はんにちこっか》・韓国《かんこく》

2019年2月9日　初版発行
2019年3月16日　第2刷

著　者　西岡　力

発行者　鈴木　隆一

発行所　ワック株式会社
東京都千代田区五番町4-5　五番町コスモビル　〒102-0076
電話　03-5226-7622
http://web-wac.co.jp/

印刷人　北島　義俊
印刷製本　大日本印刷株式会社

ISBN978-4-89831-792-1

好評既刊

さらば、自壊する韓国よ！
呉　善花
B-252

朴槿惠大統領逮捕！　韓国は、もはや北朝鮮に幻惑されて自滅するしかないのか？　来日して三十余年になる著者の透徹した眼で分析する最新の朝鮮半島情勢。

本体価格九二〇円

呆れた哀れな隣人・韓国
呉　善花・加瀬英明
B-248

「韓国はアンデルセンの『裸の王様』みたいな滑稽な国家（加瀬）」『朴槿惠は百年以上昔の閔妃の再来のようなもの（呉）』――韓国の歴史・文化の根深い恥部・後進性を暴く。

本体価格九二〇円

韓国・北朝鮮はこうなる！
呉　善花・加藤達也
B-280

米朝会談後の韓国と北朝鮮はどうなるのか。このままだと、韓国は北に呑み込まれ、貧しい低開発国に転落してしまいかねない。その時、北東アジアの自由と平和は……

本体価格九二〇円

好評既刊

韓国よ、「敵」を誤るな！

松木國俊

B-

対中依存を深める韓国の惨状と絶望の未来をシミュレーションするとともに、韓国と同じく中国へ傾斜する沖縄の現状と日本の国土防衛のあり方を訴える。

本体価格一四〇〇円

韓国・韓国人の品性

古田博司

B-261

韓国人は平気でウソをつく。「卑劣」の意味が理解できない。あるのは反日ナショナリズムだけ。だから「助けず、教えず、関わらず」の非韓三原則で対処せよ！

本体価格九二〇円

それでも、私はあきらめない

黒田福美

B-279

長年、友好を願いながらも日韓の相克をみつめてきた女優、黒田福美。太平洋戦争で、「日本兵」として散っていった朝鮮人兵士のため、韓国に慰霊碑を建立しようとしたが……

本体価格九二六円

好評既刊

韓国・北朝鮮の悲劇
米中は全面対決へ
藤井厳喜・古田博司
B-287

北との統一を夢見る韓国は滅びるだけ。米中は冷戦から熱戦へ⁉ 対馬海峡が日本の防衛ラインになる。テロ戦争から「大国間確執の時代」が再びやってくる――。

本体価格九二〇円

米中「冷戦」から「熱戦」へ
トランプは習近平を追い詰める
藤井厳喜・石平
B-289

日本よ、ファーウェイなど、中国スパイ企業を狙い撃ちしたトランプ大統領に続け！ 米中（貿易）戦争は「文明社会」（アメリカ）と「暗黒帝国」（中国）の戦いだ。

本体価格九二〇円

日本を覆うドリーマーたちの「自己陶酔」
門田隆将・髙橋洋一
B-288

「米中冷戦の行方」「水道民営化」「移民問題」「九条改憲」「朝日新聞（押し紙）」「新潮45廃刊」「オウム・死刑問題」「五輪テロ」等々――「日本の論点」を論客が徹底討論。

本体価格九二〇円